Couverture inférieure manquante

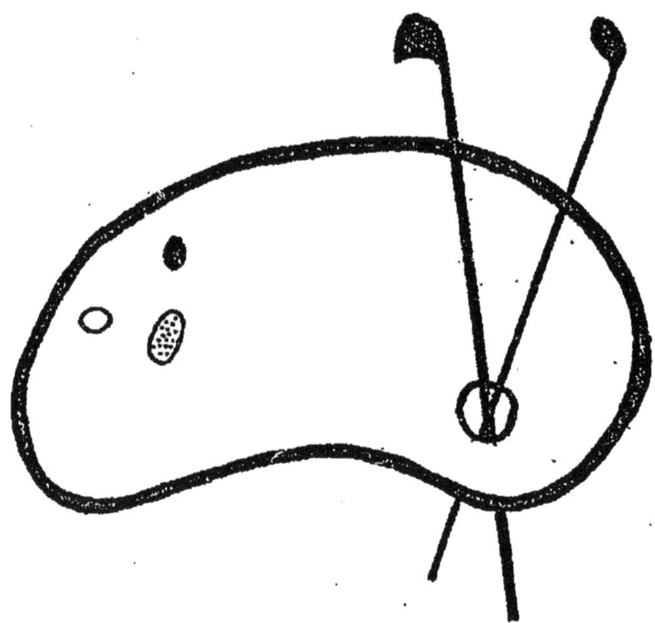

DEBUT D'UNE SERIE DE DOCUMENTS
EN COULEUR

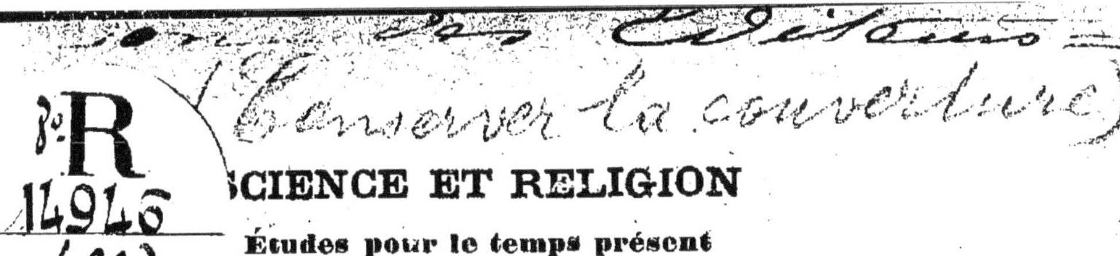

SCIENCE ET RELIGION

Études pour le temps présent

ÉVOLUTION ET IMMUTABILITÉ

DE LA

DOCTRINE RELIGIEUSE DANS L'ÉGLISE

PAR

M. l'abbé PRUNIER

Supérieur du Grand Séminaire de Séez

PARIS

LIBRAIRIE BLOUD ET BARRAL

4, RUE MADAME, ET RUE DE RENNES, 59

1898

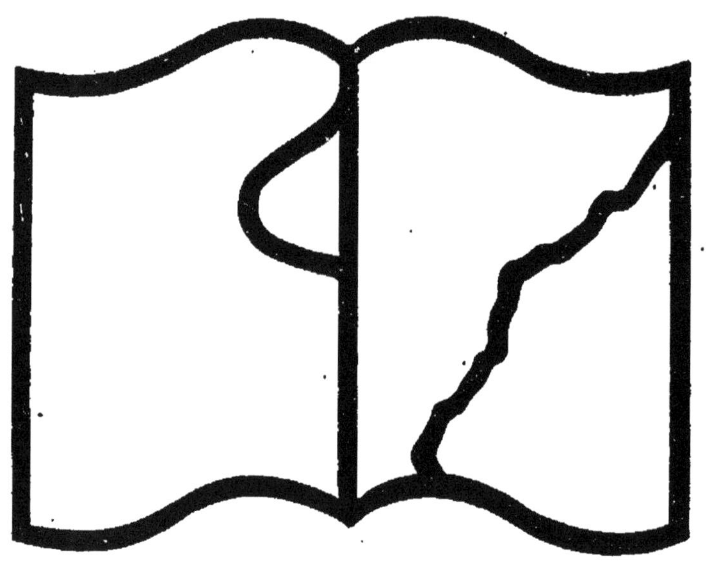

Texte détérioré — reliure défectueuse

NF Z 43-120-11

SCIENCE ET RELIGION

Études pour le temps présent

Collection de vol. in-12 de 64 pages *compactes.*

Prix : **0** fr. **60** le vol.

Les lecteurs curieux de grandes vérités de la foi déploraient l'absence de vulgarisation de science religieuse. **LES ÉTUDES POUR LE TEMPS PRÉSENT** répondent donc à un désir et comblent une lacune. Ainsi en ont jugé unanimement les Revues et les journaux les plus importants de la presse catholique. De ces nombreux et si flatteurs témoignages nous ne citerons que le suivant, extrait du journal *l'Univers*, dû à la plume d'un juge des plus compétents, M. LOUIS ROBERT :

« Aujourd'hui, en notre siècle de vapeur, d'électricité, on veut savoir « tout et lire peu, toute la vie est pleine et fiévreuse ! C'est ce qui explique « la vogue de la Revue et du Journal. Cependant ces deux organes de la « pensée moderne sont insuffisants pour embrasser une question dans la « complexité de ses aspects. Le livre est toujours nécessaire ; mais nous « pensons, à part les moines et le clergé des campagnes, que le respectable « in-4° et le majestueux in-folio ont fait leur temps pour le grand public. « Il fallait donc condenser en un volume de poche les questions qui tour- « mentent l'âme contemporaine. C'est ce que certains éditeurs ont très « heureusement compris, notamment MM. Bloud et Barral, dont les édi- « tions ont déjà tant rendu de services signalés à la cause religieuse.

« Sous le titre de *Science et Religion*, collection de volumes in-12 de « 64 p. compactes, ils ont entrepris, avec un plein succès, de démontrer « par des plumes des plus autorisées « *l'accord entre les résultats de la « science moderne et les affirmations de la foi.* » Chaque sujet est trai- « té, non plus d'après la méthode apologétique, qui actuellement est sus- « pecte aux incrédules, même aux indifférents. C'est avec la plus rigoureuse « méthode scientifique — mais mise à la portée de tous les esprits quelque « peu cultivés — que sont exposées les *Nouvelles Études philosophiques, « scientifiques et religieuses* de cette opportune et très intéressante col- « lection.

« Le nom de l'auteur de chacune d'elles est une recommandation. »

(Journal *l'Univers.*)

Voici une seconde liste des ouvrages parus ou à paraître incessamment.

— **L'Apologétique historique au XIXe siècle. — La Critique irré- ligieuse de Renan** (*Les précurseurs — La vie de Jésus — Les adver- saires — Les résultats*) par l'abbé Ch. DENIS, directeur des *Annales de philosophie chrétienne.*

1 vol.

— **Nature et Histoire de la liberté de conscience**, par M. l'abbé CANET, docteur en philosophie et ès-lettres de l'Université de Louvain, ancien professeur de théologie dogmatique au grand séminaire de Lyon.

1 vol.

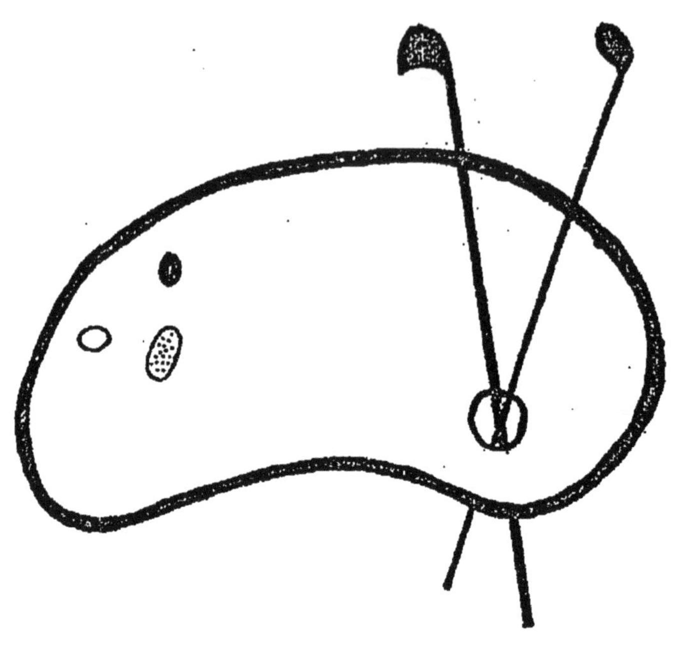

FIN D'UNE SERIE DE DOCUMENTS
EN COULEUR

SCIENCE ET RELIGION
Études pour le temps présent

ÉVOLUTION ET IMMUTABILITÉ

DE LA

DOCTRINE RELIGIEUSE DANS L'ÉGLISE

PAR

M. l'abbé PRUNIER

Supérieur du Grand Séminaire de Séez

IMPRIMATUR :

† *Cl. Episc. Sagiensis.*

1er Oct. 1898.

AVANT-PROPOS.

Il y a quelques mois, un prêtre qui tient un rang distingué dans les lettres françaises, publiait sur « l'instruction scientifique dans le clergé » des pages qui ont vivement frappé l'attention du public. Mgr Baunard veut dans le prêtre « la science complète, » c'est-à-dire une instruction sérieuse des sciences physiques et naturelles; une philosophie qui soit ce qu'elle doit être, un couronnement des divers ordres de connaissances qui forment le domaine de l'esprit humain; une théologie qui, à l'exemple de celle des vrais maîtres, se serve de toutes les données et de toutes les acquisitions de la raison pour illuminer ses propres doctrines, les corroborer, les défendre, les mettre en communication avec les intelligences.

L'éminent recteur de l'Université Catholique de Lille demande cela au nom de la dignité du ministère du prêtre, au nom de la foi battue en brèche par le rationalisme, au nom des âmes qu'un semblant de dissidence entre la science et la foi préoccupe. Nous ne doutons pas que cet appel pressant ne soit entendu. Il contient l'expression éloquente d'une pensée qui a cent fois passé devant les yeux de ceux qui ont la charge de donner l'enseignement de la science sacrée au jeune clergé et de le former pour la mission qu'il doit remplir dans le monde moderne.

Il y a dans la théologie une puissance sociale de premier ordre. Il suffit d'un coup d'œil jeté sur l'histoire pour le constater. Mais la théologie ne peut exercer toute son influence qu'à la condition de savoir d'abord ce que le monde sait, puis d'y ajouter ce que Dieu apprend aux hommes. En effet, toutes les sciences servent à mettre la reine des sciences en communication avec les âmes. Nous le montrons dans notre étude sur « l'évolution régulière et l'immutabilité de la doctrine religieuse dans l'Eglise. » Et nous serions heureux si nos humbles pages prouvaient, pour ce qui nous concerne, à l'auteur de la lettre sur « l'instruction scientifique dans le clergé » que les études « qu'il réclame, non seulement ne nous portent pas ombrage, » mais qu'elles nous semblent nécessaires, et pour la théologie elle-même, et « pour faire rentrer Dieu chez lui, en rendant la science religieuse par l'enseignement religieux de la science. »

ÉVOLUTION ET IMMUTABILITÉ

DE LA DOCTRINE RELIGIEUSE DANS L'ÉGLISE.

Evolution, immutabilité, ces deux termes nous donnent la formule de la loi qui préside à la vie de la doctrine religieuse dans la société des croyants. L'évolution dont nous parlons n'a rien de commun avec celle qui suppose l'enjambement des règnes et des espèces, en histoire naturelle. Nous prouvons au contraire que les caractères originels du dogme religieux sont irréductibles à toute transformation. La vérité dont nous vivons ne saurait changer sans périr. Et pourtant, elle a un mouvement dans sa parfaite stabilité, une marche progressive dans sa fixité, un développement dans son immutabilité. Le germe pousse une tige, la tige donne une fleur, la fleur devient fruit de vie éternelle. Pareille à l'Enfant divin, la révélation, à mesure qu'elle avance en âge, manifeste au monde les trésors de sagesse dont elle est dépositaire. Le verbe de la doctrine, en revêtant différentes formes, ne change pas plus que le Verbe de la Trinité en prenant notre nature dans l'Incarnation. Mais de même que le Fils unique du Père devint *Emmanuel, Dieu avec nous*, ainsi l'Evangile qu'il enseigna s'approche de nous, vit de notre vie, répond à nos inquiétudes, nous aide à porter nos fardeaux, nous délivre du mal, relève les âmes et les sociétés de leurs chutes, et sans jamais se lasser de leurs faiblesses et de leurs erreurs, porte les hommes avec amour vers leurs destinées.

Dans chaque phase de la vie de l'humanité, l'Eglise répond à l'appel de la conscience publique, par une nouvelle communication de sa science surnaturelle. Cette manifestation de ses intimes énergies, c'est pour elle la vie qui croît dans une éternelle jeunesse.

« Oui, dit saint Vincent de Lérins, il y a progrès et progrès magnifique dans la religion. Et qui donc serait assez envieux du bonheur des hommes, assez opposé à

Dieu pour l'empêcher ? Mais quand nous parlons du progrès de la foi, nous voulons que ce soit un accroissement et non un changement. Ce qui fait l'essence même du progrès en tout, c'est le développement sur un fond immuable. Les choses qui passant à un nouvel état cessent d'être ce qu'elles étaient, ne font pas un progrès, elles subissent un changement (1).

Telle est aujourd'hui et telle fut dans tous les âges la véritable pensée de l'Eglise.

Que lui veulent donc ceux qui lui reprochent de ne connaître d'autre mouvement que la marche rétrograde, et de ne pas avoir l'intelligence des conquêtes de l'esprit humain ? Ils veulent d'abord exploiter contre elle un thème d'accusation auquel le vulgaire se laisse prendre. Ensuite, ce qu'ils réclament sous le nom de progrès, c'est l'abandon de la doctrine ancienne, ce qu'ils souhaitent, ce n'est pas une *évolution*, mais une *révolution* doctrinale.

Et ils élèvent la voix si haut, ils formulent leurs griefs avec tant d'audace, ils posent leurs conclusions d'un ton si décisif, qu'ils réussissent à jeter dans un certain nombre d'esprits une préoccupation, une inquiétude : serait-il donc vrai que l'Evangile condamnerait au servilisme de l'intelligence ceux qui reçoivent son enseignement ?

Non, mille fois non, l'Evangile ne fait pas cela. Non l'Eglise n'est pas l'ennemie de l'activité des esprits, du mouvement de la pensée, des conquêtes de la science.

Nous le prouverons, en donnant la notion du progrès de la doctrine religieuse, en faisant connaître les occasions qui le provoquent, les causes qui l'accomplissent, la règle qui le dirige. C'est là l'objet de notre étude.

(1) *Commonitor*. C. XXIII., cf. Concil. Vatic. Const. *Dei Filius*, c. I.

I.

NOTION DU PROGRÈS DE LA DOCTRINE RELIGIEUSE.

Il y avait, nous dit l'Ecriture, dans le séjour préparé par Dieu pour le premier homme, un fleuve dont les eaux se répandaient au loin, portant sur leur passage la fraîcheur, la fécondité, la vie. La doctrine chrétienne peut être comparée à ce fleuve. Ses ondes limpides viennent de cette source inexplorée qui est l'éternelle vérité. Du jour où elles prirent leur cours vers nos terrestres régions, elles se creusèrent un lit profond au milieu des générations humaines. Dans la suite des siècles, le fleuve pourra grossir ses flots, élargir ses rives, mais à ses eaux vives et sanctifiantes ne se mêlera jamais une goutte impure.

Nous aurons à remarquer une différence essentielle entre le progrès de la vérité religieuse avant Jésus-Christ et son développement après l'âge apostolique. Avant Jésus-Christ, des révélations successives augmentaient sans cesse le dépôt public des vérités que le peuple choisi avait mission de garder pour la grande et universelle société des âmes. Depuis les Apôtres, s'il y a des révélations privées, il n'y a plus de révélation publique, sociale. C'est le fait que nous devons mettre en lumière.

Dans tous ceux qui depuis la création jusqu'à la consommation des siècles vécurent ou vivront de la foi, on peut ne voir qu'un seul peuple de Dieu, qu'une seule Eglise accomplissant sa destinée, qui est d'aller à la vie immortelle par les mérites du Rédempteur. Ce concept de la société religieuse n'est pas nouveau. Nous le trouvons dans un des plus anciens écrivains ecclésiastiques, Hermas, qui, dans son livre du Pasteur, nous représente l'Eglise comme une femme vieillie et ridée, parce qu'elle a l'âge même du monde, et que sur sa tête pèsent tous les siècles pendant lesquels l'humanité a vécu. Hermas ne se trompe pas sur l'âge de l'Eglise; où il fait erreur, c'est quand il croit devoir représenter cet âge par des rides, car l'Eglise ne vieillit pas.

Il y eut pour l'homme, dès son origine, une effusion divine de la vérité. L'intelligence infinie, daignant entrer en rapport avec la raison humaine, lui distribuait avec libéralité et la science de l'ordre naturel, et les connaissances de l'ordre surnaturel La faute même de la créature privilégiée, loin d'arrêter le cours des divines communications, deviendra l'occasion d'un plus haut enseignement.

« Dès l'origine du genre humain, dit saint Thomas, toutes les vérités que nous devions connaître par la révélation étaient contenues en substance dans les dogmes communiqués par le Créateur à l'homme. En effet, ajoute le saint docteur expliquant sa pensée, toutes les vérités chrétiennes sont originairement renfermées dans quelques principes premiers qui furent toujours l'objet de la foi, par exemple, qu'il y a un Dieu, que sa Providence s'étend sur nous... Dans la notion de l'existence divine sont contenues implicitement toutes les vérité éternelles qui doivent faire notre béatitude, et dans la foi à la Providence est renfermée la connaissance des desseins et de l'action de Dieu pour nous conduire à notre fin dernière (1). »

Ainsi, notre dogme était renfermé tout entier dans quelques paroles confiées par l'éternelle Sagesse au cœur de l'homme, au milieu de ce silence ravi de l'Eden que le poète a chanté. Un mot au cœur innocent et sans reproche, heureux dans son ignorance du mal, un mot au cœur coupable, frappé à mort par le péché, un mot de lumière surnaturelle, de justice et de pardon, il n'en faut pas davantage à Dieu pour son grand dessein : toute la religion est là. Ce mot, c'est le germe messianique. Mais n'est-il pas à craindre que cette divine semence ne périsse? L'homme va oublier ce qu'il entendit, il va suivre le cours de ses passions; il va devenir chair, et ce que le ciel avait dit à l'âme ne sera même plus un souvenir. Y a-t-il en quelque lieu du monde une Arche sainte qui garde le dépôt de la vérité, et près de

(1) S. Th. 2^a $2^{æ}$, quæst. 1^a, a. 7.

laquelle l'oracle divin se fasse entendre? Oui, l'Arche sainte, c'est le personnage mystérieux que nous appelons Patriarche. Génie aux proportions effrayantes, il porte dans sa pensée solitaire le secret d'En-Haut et les destinées religieuses de l'humanité. Confident de Dieu, il regarde dans l'avenir; il a sur les lèvres la prophétie; il rappelle la foi; il fulmine la menace. On ne l'écoute pas, on le méprise, on l'insulte; il poursuit sa pensée et son gigantesque travail; parfois il lève les yeux vers le point du ciel d'où va partir le coup de foudre. Et quand le châtiment a passé, debout sur les ruines immenses, il redit ses témoignages : il les lègue à la postérité comme le seul héritage qu'il importe de conserver.

Le dépôt sacré est-il exposé à être profané à cause du milieu idolâtrique où vit l'homme élu pour le garder, Dieu dit à son serviteur : « Sors de cette terre, quitte ta demeure et ta parenté, viens dans le lieu que je te montrerai, et je te placerai à la tête d'une grande nation. » L'Eternel se plaît à réitérer sa promesse, à la développer, à la préciser, à la revêtir de toutes les magnificences, à en poursuivre l'accomplissement malgré les apparences d'impossibilité. « La vieillesse n'a pas de glaces pour le Patriarche, pour lui le tombeau n'a pas de ténèbres, car son regard mourant s'est perdu dans le rayonnement de la lumière du Messie qui sortira de sa race. »

Prêtons l'oreille : nous entendrons toujours la voix divine réveiller dans le monde l'écho de la parole de vérité. Un jour parut devant le roi d'Egypte un vieillard dont les années avaient été remplies d'épreuves et d'angoisses. Mais dans ses afflictions, dans ses exils, il portait l'espérance sainte. Quand il fut près d'être réuni à ses pères, cette pensée qui était en lui jeta un dernier éclat. « Juda, disait-il, à l'un de ses fils, tes frères te loueront. Le sceptre ne sortira pas de Juda, et il y aura toujours des princes de sa race, jusqu'à ce que vienne Celui qui doit être envoyé, Celui que les nations attendent. »

Ce n'était plus un homme, c'était un peuple qui allait porter cette promesse. Il est vrai ce peuple subit l'esclavage. Mais un chef lui a été donné pour le délivrer. Dans la solitude, non loin de l'Horeb, le Seigneur apparut au milieu d'un buisson enflammé qui ne se consummait pas. Et il dit à Moïse : « Je suis le Dieu d'Abraham, le Dieu d'Isaac et le Dieu de Jacob. Viens je t'enverrai vers Pharaon pour qu'il donne la liberté à mon peuple. — J'irai vers les fils d'Israël, répondit Moïse : s'ils me demandent le nom de Celui qui m'a envoyé, que saurai-je ? — Dieu dit : *Je suis Celui qui suis* (1). » Cette parole est la pleine et parfaite définition de la Divinité. Dieu ne tardera pas à la résumer en un seul mot : « Je suis le Seigneur qui apparus à Abraham, à Isaac, à Jacob, et mon nom de *Jéhovah*, je ne le leur avais pas fait connaître (2). »

Moïse connaît donc le nom ineffable. Il sait de Dieu, de ses grandeurs, de ses droits, de ses vues, de ses conseils, ce que les anciens n'avaient pas appris. Il y a eu pour lui une large expansion de la vérité religieuse. Un jour, il reviendra vers le Sina où pour la première fois l'accent de l'Eternel frappa son oreille. Il ne lui sera plus ordonné de se tenir à distance, mais il gravira la montagne sacrée pour aller apprendre et buriner sur la pierre ce code qui restera toujours le fond de toutes les lois dignes de ce nom.

Car les lois particulières n'ont de valeur qu'autant qu'elles découlent de la loi suprême, et elles ne sont, en réalité, que « des règlements sociaux destinés à la mettre en pratique (3). » Le peuple élu va garder le code divin sous l'autorité de ses Juges. S'il l'oublie, les Prophètes aux lèvres chargées de promesses et de menaces lui en rappelleront les prescriptions. Les Prophètes ! Ce sont eux qui ont mission d'écrire, huit, dix siècles à l'avance, l'histoire de Celui que les Patriarches avaient contemplé du fond des âges. Ils marqueront les prérogatives de sa Mère, le lieu de sa naissance ; ils fixeront dans les plus minutieux détails les

(1) Exod. III. 14.
(2) Exod. VI. 2, 3.
(3) Lettre de M. Munro Butler Johnstone à M. Le Play, formant l'introduction du livre qui a pour titre *Le programme des unions de la paix sociale*.

traits de son caractère, de sa mission. Ils feront la peinture de ses douleurs; ils ont aperçu jusqu'à la goutte de vinaigre mélangé de fiel dont ses lèvres brûlantes seront trempées. Ils ont tressailli au spectacle de sa résurrection et de son triomphe. Ils ont vu naître son Eglise; ils l'ont vue grandir jusqu'à remplir le monde; ils ont appris que ce grand royaume des âmes n'aurait pas de fin.

C'est ainsi qu'au sein de l'humanité croissait d'âge en âge le trésor de la vérité surnaturelle. Et là où était le trésor de Dieu, là était particulièrement sa pensée, sa providentielle sollicitude. L'idée religieuse, lumière toujours grandissante, était l'étoile polaire autour de laquelle gravitait d'une manière inconsciente la vie des nations. Dieu le voulant, tout marchait par cette force placée au centre du monde moral. Nos contemporains aiment à répéter que c'est à l'idée qu'il appartient de mener le monde. Cet aphorisme ne se trouve jamais plus rigoureusement exact que lorsqu'on l'applique à l'idée messianique ou chrétienne. C'est bien elle qui exerce la grande influence sous laquelle oscillent les nations. De nos jours, pour un esprit clairvoyant, elle est au fond de ce mouvement des intelligences inquiètes qui se jettent en d'interminables recherches, *quærere Deum, si forte attrectent eum aut inveniant, quamvis non longe sit ab unoquoque nostrûm* (1). Elle est l'esprit qui remue les masses. *Mens agitat molem*. Et ce qui est aujourd'hui, fut dans les siècles du passé dont nous ne faisons qu'entrevoir l'histoire. La question messianique a été le poids déposé au centre de la terre pour la maintenir en équilibre dans ses mouvements sans fin,

terraque ponderibus librata suis.

Elle n'est pas une simple forme du sentiment religieux, une conception poétique exprimant les croyances mystiques de l'homme; c'est l'idée divine, c'est le germe de bénédiction confié par le ciel à la terre frappée de malédiction aux premiers jours, c'est la borne qui sépare

(1) Act. XVII. 27.

le peuple élu des peuples de la gentilité, en attendant qu'elle devienne le phare de toutes les nations. Traditions, mythes, légendes des peuples sous toutes les latitudes, sont des lambeaux de cette grande vérité, lambeaux souillés de la poussière des ignorances et de la boue des passions, mais qui laissent apercevoir encore sous ces couches de turpitudes quelque reflet du dogme originel. Là est le centre de la civilisation, et c'est autour de ce point que se dessinent tous les grands mouvements des peuples, les élévations et les abaissements des races, qui sont l'histoire du monde.

Comment donc s'est-il trouvé dans notre siècle un écrivain, un penseur, pour reprocher à Bossuet d'avoir écrit *une histoire universelle d'où l'univers est absent ?* Et ce mot, car ce n'est qu'un mot, a trouvé de l'écho. Mais l'univers qu'est-ce donc ? C'est la statue à tête d'or, à poitrine d'argent, à cuisses d'airain, à jambes de fer, à pieds d'argile. La formation, la fusion de ces métaux, c'est l'histoire de l'univers. En regard de cette statue, l'œil du Prophète avait aperçu la pierre qui se détachant de la montagne, roulait sur le colosse, en broyait et en mêlait les éléments, puis à son tour, s'élevait, s'élargissait jusqu'à occuper toute la terre. Qui a vu la pierre, qui l'a vue dans ses bonds gigantesques, a tout vu, tout pénétré dans le passé, le présent et l'avenir de l'univers. Après l'auteur de la *Cité de Dieu*, l'aigle de Meaux a vu la pierre ; il a vu la vérité, il en a suivi les élargissements, les élévations, les évolutions. Et dans le fait, il a tout vu, puisqu'il a vu ce par quoi et pour quoi tout vit ou meurt, se meut ou s'arrête, se perfectionne ou se brise sans retour.

Or, voici que l'idée messianique est devenue un fait. Après avoir parlé au monde sous différentes formes, au cours des siècles, par les Prophètes, le Verbe éternel incarné va se faire entendre lui-même. *Multifariam multisque modis, olim loquens Deus patribus in Prophetis, novissime, diebus istis, locutus est nobis in Filio.* C'est toujours la même parole divine, mais avec un accent que le monde ne connaissait pas encore, avec une force et une intensité de lumière dont les siècles passés n'avaient pas fait l'expérience. L'heure est venue pour les grandes manifestations. La Loi gardait avec jalousie le nom de Jéhovah ; elle ne le prononçait pas, elle ne l'expliquait pas ; elle n'en révélait pas les mystères. Ce nom ineffable va s'ouvrir sous le souffle du Grand Prophète, pour laisser voir dans ses lettres, le Père, le Fils, l'Esprit-Saint. La Loi, c'était l'ombre ; la radieuse image du ciel en chasse les ténèbres. La Loi gouvernait des esclaves par la terreur, l'Evangile va guider des hommes libres par l'amour. La Loi formulait l'obligation, le Christ va donner la grâce. Le vrai Maître, le seul Maître va confondre ses auditeurs en leur faisant voir leur ignorance. « Il va leur parler, dit saint Jean Chrysostome, comme fait celui qui instruit un enfant paresseux : Assez lu, assez de temps passé dans le syllabaire..., vous avez assez scruté la lettre, il faut vous élever plus haut (1). »

« Et cependant, dit le même Père, ce qu'apportait l'Evangile, ce n'était pas la destruction, c'était l'achèvement de l'Ancien Testament : *Ne pensez pas que je sois venu détruire la Loi ; je suis venu l'accomplir. En vérité, je vous le dis, le ciel et la terre passeront, mais une virgule ou un i de la Loi ne passeront pas sans que tout ait été accompli.* Celui qui parlait ainsi, en faisant allusion au changement final vers lequel s'achemine le monde, voulait élever l'esprit de ses auditeurs à l'idée d'une patrie supérieure dont il leur préparait la route. Mais il ne disait pas que le code Mosaïque eût été mauvais ; il en montrait au contraire l'étroite parenté avec l'Evangile. Seulement, il en indiquait les imperfections, les lacunes ; la révélation plénière arrivant allait écarter ces vues étroites, comme la vision intuitive supprimera pour nous les obscurités de la foi. »

Voyant donc autour de lui les foules, le Maître gravit une montagne. Cet acte est déjà une instruction, nous disent les Pères. Il faut quitter les régions basses, car l'enseignement va s'élever aux sommets de la doctrine. De grandioses perspectives vont s'ouvrir pour la foi ; une nouvelle orientation va être indiquée aux âmes.

(1) Chrys. hom. XVI, 5. in Matth.

On ne savait pas encore, on n'aurait jamais appris de la sagesse humaine ni de la sagesse judaïque, que le chemin du bonheur, ce fût la pauvreté, la souffrance qui pleure, la persécution qui subit l'injure et la calomnie, la paix qui vit au sein des contradictions, la pureté du cœur parmi les orages des passions. Le bonheur c'est Dieu ; le chemin pour y parvenir vient d'être jalonné. Le monde ne pouvait apprendre cette philosophie surnaturelle que de la bouche même de Celui qui parlait comme jamais homme n'avait parlé. Il déroulait ses vues divines dans cette adorable leçon dont chaque article commençait par ces mots : Vous avez appris que l'on disait aux anciens.... Et moi, je vous dis.... C'était une nouvelle loi de religion, de charité, de chasteté, de douceur, qui venait saisir le monde.

Le jour où le verbe posé par Dieu sur les lèvres humano-divines servit à exprimer de semblables préceptes, il y eut dans la conscience humaine une puissante commotion. En réalité, un nouveau monde moral surgissait à l'appel de cette parole qui fait ce qu'elle énonce : *Dixit et facta sunt.* Et sur la terre renouvelée allaient croître les moissons chrétiennes.

Parlons sans images. Les éléments d'une nouvelle société sont trouvés. A cette société, Celui qui la fonde va donner des magistrats, un Chef suprême avec les prérogatives de la pleine juridiction pour gouverner, de l'infaillibilité pour proposer la doctrine. Pour cette élite, le Maître n'aura pas de secrets. Il dira à ses confidents le mystère de la vie des trois divines Personnes, le mystère du Fils de l'homme, le mystère de la grâce. A eux, il confiera les sacrements, à eux il confiera le sacerdoce, à eux il donnera la manne divine qui communique aux âmes une vie immortelle. Par eux, il continuera de vivre dans son œuvre, par eux, il fera la conquête de la terre à la vérité et à la charité évangéliques. *Euntes docete.* L'apôtre marchera ; il sera de tous les siècles ; et à mesure qu'il avancera dans le monde, la vérité qu'il prêche resplendira d'un nouvel éclat.

Pourtant le Maître n'avait pas confié à ses disciples tous les dogmes qui devaient entrer dans le trésor de la révélation messianique. « J'ai encore beaucoup de choses à vous dire, mais en ce moment vous ne sauriez les entendre. Quand sera venu l'Esprit de vérité, il vous enseignera tout ; il vous remettra en mémoire tout ce que je vous ai dit (1). »

La lumière continua donc à grandir aux yeux des Apôtres, et à faire ressortir d'une manière plus précise à leurs yeux les lignes et les contours du monument auquel ils devaient mettre la clef de voûte. La flamme du cénacle elle-même, l'effusion de vérité apportée par les langues de feu, n'avait pas achevé l'instruction des hérauts de l'Evangile. En temps opportun, l'Esprit leur dira sa lumineuse parole. Ils n'avaient pas de suite compris pleinement comment le Nouveau Testament remis dans leurs mains abrogeait l'Ancien. Ils ne se sentaient pas tout à fait indépendants vis-à-vis de la Synagogue. La parole si pleine et si limpide du Maître : « Allez, instruisez toutes les nations, » ne leur paraissait pas d'une application immédiate. Pierre n'oserait pas communiquer le don divin aux Gentils, si une vision ne venait lui apprendre que l'on ne se souille pas au contact des *goim*, quand on cherche leurs âmes, qu'un soldat élevé dans le paganisme et habitué à suivre l'idole des aigles romaines, pouvait être un élu de Dieu (2).

A Jérusalem, l'apôtre S. Jacques conservait les observances légales dans une certaine mesure ; et par égard pour quelques-uns de ses disciples venus à Antioche, Pierre, malgré la vision de Joppé, évitait de manger avec les Gentils (3). Ce n'était pas qu'il y eût ici erreur de la part des Apôtres ; mais ils n'avaient pas vu que le temps fût arrivé de prêcher dans toute sa largeur la liberté évangélique. Et S. Paul qui, sur ce point avait repris Céphas, S. Paul qui provoquait de toute son énergie dans l'Eglise l'affranchissement des pratiques de la Synagogue, eut pourtant recours à la circoncision pour favoriser le ministère de son disciple privilégié (4).

(1) JOAN. XVI, 12 ; coll. XIV, 26.
(2) Act. X. XI.
(3) Galat. II. 11, 12.
(4) Act. XVI. 1.

Ces hésitations, ces complications amènent les chefs de la société chrétienne à se réunir pour prendre en commun une décision sur les observances légales. Ils se réunirent, dit le texte sacré, pour examiner cette question, *Videre de verbo hoc* (1). Ce fut le premier concile. Pierre en prit la direction. Sa parole y fut accueillie comme l'oracle de la vérité et de l'autorité. L'Eglise apparaissait là dans sa magnifique unité sociale et doctrinale sous le Monarque devant lequel s'inclinaient ceux-là même qui avaient été instruits aux leçons de Jésus-Christ.

Affermis et sanctifiés dans la doctrine divine, les Apôtres iront la porter aux nations telle qu'ils l'ont reçue, et se rendant le témoignage qu'ils ont été des témoins fidèles de la vérité, ils diront à leurs disciples : « Restez fidèles à la doctrine que vous avez apprise et rappelez-vous qui vous l'enseigna (2). Au nom de Dieu et de son Christ Jésus qui a souffert pour rendre témoignage à sa doctrine, gardez la loi sans tache et sans altération (3) ; veillez sur ce précieux dépôt, conservez-le avec l'aide de l'Esprit de Dieu. Exprimez votre doctrine avec ce langage sain, dans cette langue de foi et d'amour que vous m'avez entendu parler selon l'esprit du Christ Jésus (4). Laissez ces docteurs qui sont chaque jour à la recherche de la science et qui ne trouvent jamais la vérité (5). »

Le sublime édifice de la vérité chrétienne est fini pour jamais. Il repose sur les Prophètes et les Apôtres et il a pour pierre angulaire Jésus-Christ (6). Les Apôtres n'ont pas dit à leurs successeurs comme le Maître le leur avait dit à eux-mêmes : *Il y a encore plusieurs choses que vous devez apprendre ; l'Esprit-Saint vous les enseignera par son inspiration.* Non, ils leur ont dit de conserver intact le dépôt de la foi et de combattre pour le défendre.

(1) Act. XV. 6.
(2) 2 Tim. III. 12.
(3) 1 Tim. VI, 13-14.
(4) 2 Tim. I, 13-14.
(5) Ibid. III. 7.
(6) Ephes. II, 20.

« Je le jure à tous ceux qui entendront les paroles de cette prophétie. Si quelqu'un ajoute à ces paroles, Dieu fera retomber sur lui les châtiments écrits dans ce livre. Voici ce que dit le Témoin de ces choses. Oui je viens ; c'est bientôt. Amen. Venez, Seigneur Jésus. La grâce de Jésus-Christ soit avec vous tous. Amen. »

Ainsi s'achève la Bible, le livre des révélations. Moïse en a posé l'alpha, S. Jean en a écrit l'omega. Dieu est au commencement pour l'ouvrir ; il est à la fin pour le sceller. C'est fini à jamais. Au dernier mot de l'Apocalypse, viendra s'unir le premier mot de la vision intuitive.

Telle fut donc la marche de la doctrine religieuse : Au commencement Dieu révèle sa divinité, son existence, son *aséité*, et la Rédemption qui doit être accomplie par son Christ. Ecrite sans formules spéciales, et d'une façon globale dans la conscience humaine, la loi naturelle est détaillée préceptes par préceptes et gravée sur des tables de pierre. La vie du Christ Rédempteur se dessine de jour en jour avec des traits plus particuliers, jusqu'à ce qu'il paraisse avec sa divine physionomie, dépassant l'espérance immense du monde par sa doctrine et ses actions. Les Apôtres, ses livres vivants, et sa loi agissante mettent le sceau à ses révélations. Et la vérité intégrale qu'ils confient à leurs successeurs se rajeunit toujours dans l'organe qui la porte, et rajeunit cet organe lui-même, *semper juvenescens in vase bono, et juvenescere faciens ipsum vas*, dit la Tradition. Ce rajeunissement est à la fois évolution et immutabilité. Il n'est jamais variation ni nouveauté.

Ce fut toujours un axiome dans l'Eglise, qu'en dehors de la Tradition des Apôtres, il n'y a pas de vérité catholique. Voici une règle toute de lumière : ne rien ajouter ne rien retrancher. Pas n'est besoin de curiosité après Jésus-Christ ; pas n'est besoin de recherches après l'Evangile. N'ayons pas l'ambition de dépasser les enseignements de notre foi. Son premier article, c'est que nous ne devons rien croire au delà de ce qu'elle nous

enseigne. *Hoc enim prius credimus, nihil esse quod ultra credere debeamus* (1).

De là, la sollicitude des Pères, des conciles, des Docteurs pour chercher ce qui fut dès l'origine, de bannir toute nouveauté. Ne pas innover, se tenir à la tradition, c'est la formule intangible de la règle de foi. Toute doctrine nouvelle est condamnée par le fait même de sa nouveauté.

« Je ne puis revenir de mon étonnement, dit saint Vincent de Lérins, en voyant à quel degré est poussée la passion de l'erreur chez certains hommes. Ce n'est pas assez pour eux de l'antique doctrine telle que nous l'avons reçue, mais il leur faut chaque jour du nouveau. C'est pour eux comme un irrésistible besoin d'ajouter, de changer, de retrancher quelque chose à la foi, comme si ce n'était pas un de nos dogmes que nous devons nous tenir en paix dans la doctrine apostolique (2). »

Mais s'il en est ainsi, où donc sera désormais l'évolution doctrinale que nous annoncions? Laissons répondre saint Vincent de Lérins.

« La foi des âmes imitera, dit-il, la loi des corps qui dans le cours des années acquièrent le développement harmonieux de toutes leurs parties, sans pourtant cesser d'être ce qu'ils étaient. De la fleur de l'enfance à la maturité et à la vieillesse, quelle différence ! Et cependant, les vieillards sont ceux-là mêmes qui furent enfants ; si la stature de l'homme extérieur a changé, c'est toujours la même nature et la même personne. L'homme fait n'a point d'autres membres que le petit enfant chez qui se trouvait en germe ce qui s'est manifesté avec la maturité de l'âge. Telle est donc la loi vraie et parfaite du développement, telle est la règle fixe et merveilleusement belle de l'accroissement. L'âge en faisant grandir l'homme ne montrera en lui que le perfectionnement de l'œuvre du Créateur dans le petit enfant.

« C'est cette loi de progrès que doit suivre la vérité

(1) Tertull. — Prœscript. c. 8-9.

(2) *Commonitor* n° 26.

religieuse. Avec les années, elle apparaîtra dans la vigueur de son épanouissement ; elle s'élèvera, mais sans jamais perdre son inviolable pureté. Je veux voir dans sa stature, ses membres, ses sens, l'achèvement, la perfection ; mais qu'elle ne soit pas changée, qu'elle ne soit pas altérée, qu'elle ne varie jamais. C'est du froment pur que nos pères ont semé dans le champ de l'Eglise ; quelle iniquité à nous de mettre à la place du bon grain l'ivraie de l'erreur ! C'est notre devoir de recueillir à la moisson un froment excellent, puisque c'est du froment qui fut jeté dans les sillons. La tige s'élèvera joyeuse, nous verrons l'épi se dessiner sous sa forme définitive, mais ce sera toujours un épi de blé.

« Il est certes bien permis de creuser avec le temps les enseignements de notre céleste philosophie, pour exprimer des concepts plus achevés ; mais c'est un crime de les changer, de les tronquer, de les mutiler. Qu'on les fasse briller de toute la clarté de l'évidence, à la bonne heure ! Mais qu'on n'aille pas leur ôter leur plénitude de vérité et leur inviolable intégrité.

« Si une fois la fraude sacrilège pouvait se glisser au sein de nos dogmes, je verrais avec terreur le temple de la religion prêt à s'écrouler et à disparaître pour toujours. Laissez tomber une parcelle du dogme catholique, bientôt une autre et puis une autre encore sera jetée au vent, comme par une pente toute naturelle. Et en le jetant ainsi pièces à pièces, il arrivera qu'il n'en restera plus rien.

« D'un autre côté, si les nouveautés trouvent libre accès dans le domaine du dogme antique, si l'élément étranger se mêle à nos biens de famille, si le profane est confondu avec le sacré, cet alliage aura bientôt tout envahi. Et dès lors, dans l'Eglise, plus de dogme intact, pur, immaculé. Un lupanar de honteuses et sacrilèges erreurs se sera élevé à la place du sanctuaire de la chaste et incorruptible vérité.

« Ah ! que la divine Bonté éloigne de ses fidèles l'esprit d'innovation. Laissons les méchants faire cette tentative insensée. L'Eglise du Christ, vigilante et prudente gardienne des dogmes qu'elle reçut en dépôt, n'y change jamais rien, n'y ajoute rien, n'en retranche rien.

Elle ne touche pas à ce qu'ils ont d'essentiel, elle ne les embarrasse point de superfétations. Elle garde son bien et ne porte pas la main sur la propriété d'autrui ; toutes les ressources de son génie sont employées à une seule fin : étudier l'antique doctrine sous les auspices de la sagesse et de la fidélité ; lorsqu'elle y rencontre des germes, des ébauches, elle en provoque par ses soins le développement, l'achèvement. Ce qui est arrivé au développement complet, elle le consolide et l'affermit. Ce qui est affermi pour toujours par une définition, elle veille à le conserver.

« Que s'est-elle jamais proposé dans les décrets de ses conciles ? Ce que l'on croyait avec la simple docilité de la foi, elle demande qu'on le croie d'une foi plus éclairée. La vérité qui était prêchée, mais sans assez d'ardeur, devra être annoncée avec de plus vives instances. Le domaine que l'on exploitait avec une trop confiante sécurité devra être cultivé avec des soins plus empressés. L'Eglise a fait une chose, une seule, quand elle a été provoquée par les innovations hérétiques : ce qu'elle avait reçu des anciens par tradition, elle l'a consigné en des documents écrits où les plus grandes vérités sont dites en peu de mots, et où l'antique croyance est mise en lumière par des termes nouveaux qui l'expriment avec une parfaite exactitude (1). »

On ne trouvera pas mauvais que nous ayons cité dans son intégrité ce passage où se montre dans tout son jour la pensée de la tradition sur la nature du progrès de la doctrine religieuse. Nous aimons cette page où la clarté et l'élévation de l'idée sont soutenues par la beauté poétique de l'expression faite d'images si heureusement choisies.

Nul auteur, que nous sachions, n'a mieux expliqué le fait, les lois, le but du progrès doctrinal dans l'Eglise. C'est ainsi qu'on l'entendait au Ve siècle, et c'est ainsi que les docteurs catholiques, que les pontifes, que les théologiens, que les fidèles dont la foi est lumineuse et saine, l'ont entendu dans tous les temps et l'entendent aujourd'hui. Nous ne changeons jamais, mais

(1) *Commonitor*, c. XXIII.

nous grandissons, notre stature s'élève graduellement aux nobles proportions de la virilité, le soleil de l'éternelle vérité mûrit chaque jour notre moisson. Profonde comme Dieu qui nous l'a donnée, la vérité religieuse ne montre pas soudainement au regard de l'homme tout son éclat. Elle reste quelquefois longtemps cachée sous la lettre de l'Ecriture ou dans la tradition orale. Nous la possédons sans le savoir, peut-être sans nous en douter, jusqu'au moment où une circonstance attire sur elle notre attention. Lorsque nous la cherchons avec zèle et droiture de cœur, elle paraît pour répondre à un besoin de la piété, pour écarter les ténèbres d'une erreur, pour guider les hommes et les peuples de chaque âge vers leurs destinées.

L'Eglise ne crée point de dogmes nouveaux, mais à l'heure marquée par la Sagesse infinie, le dogme caché sous un voile paraît à découvert. La foi n'a pas été augmentée, mais nous, nous avons fait un progrès dans la foi, selon la parole d'Albert le Grand (1). La foi est venue chercher l'intelligence humaine et l'a élevée d'un degré de plus vers Celui en qui est la plénitude de la grâce et de la vérité.

La science moderne a trouvé le moyen de saisir et de fixer l'image exacte des corps par l'influence de la lumière. Quand ils le jugent à propos, les conciles ou le chef de l'Eglise fixent avec une infaillible exactitude, par une lumière surnaturelle, le sens et l'expression de la doctrine révélée. C'est le plus haut point de certitude qu'une vérité puisse atteindre ici-bas. Mais les définitions conciliaires ou pontificales immobilisent-elles la vérité religieuse? Nullement; ce sont des dogmes inébranlables que le successeur de saint Pierre est infaillible quand il enseigne comme chef de l'Église; qu'il possède la suprême autorité religieuse; que Jésus-Christ est vraiment, réellement et substantiellement présent dans l'Eucharistie; que l'homme ne peut se sauver sans la grâce; qu'il y a en Jésus-Christ deux natures unies sans confusion et qu'une seule personne possède ces deux natures; que les livres de l'Écriture

(1) 3 dist. 25, a. 1, ad 1m.

sont inspirés : mais dans ces vérités profondes, que d'autres vérités maintenant cachées à nos regards ou ne se montrant encore qu'à l'état de certitudes ou même d'opinions théologiques, et qui pourront nous apparaître dans toute la lumière de la foi, quand leurs rayons épars dans l'Ecriture et la tradition auront été réunis en un seul faisceau par les mains de ceux à qui Dieu confie cette œuvre !

Tandis que dans les êtres créés tout progrès a un terme suivi bientôt de la décadence, la vérité révélée nous ouvre sans cesse de nouveaux horizons et nous invite à poursuivre sans relâche notre ascension vers le foyer immense d'où elle émane.

Et toutefois, ami du progrès de la vérité, désireux d'y contribuer dans la mesure de ses forces, le fils de l'Eglise sait que, malgré le développement de la science religieuse, la foi aura toujours ses divines obscurités, ses insondables profondeurs ; il n'a pas la prétention de réduire les mystères aux proportions de la raison et de les comprendre comme il comprend les vérités naturelles. Loin de lui cette illusion qui à différentes époques, et dans notre siècle même, a séduit quelques esprits trop confiants dans leurs forces (1) ! Ce que le fidèle cherche dans le progrès de la doctrine évangélique, c'est la connaissance plus approfondie des fondements de sa croyance, une vue plus nette, plus étendue, plus précise des vérités révélées. Son espoir, c'est de trouver dans cette connaissance de nouvelles lumières, de nouvelles forces ; c'est de secourir les hommes, ses frères, d'aider ceux qui sont loin de l'Eglise à venir vers elle, d'affermir la foi et l'amour de ceux qui croient ; c'est de nous apprendre à orienter notre vie vers son terme divin !

Dogme, morale, mystique, science de la vérité, science de la loi, science des intimes relations de l'âme avec Celui qui est son Bien, sa fin dernière, ces différentes parties de la doctrine ont leurs fécondes évolutions ou, pour parler plus exactement, elles sollicitent les esprits et les pressent de s'avancer, d'évoluer vers

(1) Concil. Vatic. — Const. *Dei Filius*, c. 4.

leur lumière, d'en faire le tour, afin d'en saisir le rayon qui est le plus utile, le plus bienfaisant pour chaque phase de la vie des individus et des peuples. Pour mieux comprendre ce qui se passe de la vérité à nous, faisons une comparaison : Emportés par le mouvement de la terre, nous ne nous apercevons pas qu'elle se déplace et décrit une ligne courbe autour du soleil qui l'éclaire et l'échauffe, de manière qu'elle présente successivement à son influence vivifiante toutes ses zônes, dans une année, tandis que l'astre demeure au même lieu. C'est par un mouvement analogue, dans l'ordre spirituel, que d'âge en âge les intelligences viennent se placer sous des méridiens différents par rapport à la lumière immuable de la révélation qui brille au fond du ciel de l'Eglise. On a dit de nos jours, en écoutant et en voyant agir le Pape : l'Eglise évolue, elle passe de la sphère du dogme dans celle de la morale. En réalité, c'est nous qui avons fait ce mouvement, et qui avons demandé à l'Eglise, effrayés que nous étions de nous trouver en des régions inconnues, qu'elle fît briller à nos yeux la lumière attendue et vainement cherchée en dehors de ses enseignements.

Cette remarque nous permet de donner ici la réponse au reproche que l'on fait quelquefois à l'Eglise de varier dans la règle de conduite qu'elle impose aux consciences sur tel ou tel point de la morale. Prenons pour exemple, la question du prêt intérêt : autrefois l'Eglise le condamnait, aujourd'hui, elle l'approuve. L'Eglise n'a pas varié. Elle réprouve toujours ce qu'elle condamna dans les âges passés, l'usure, l'impôt perçu par le particulier sur le besoin, sur la nécessité de celui qui est réduit à emprunter de l'argent. Et plût au ciel que cette pratique odieuse fût bannie du monde moderne qu'elle ronge comme un chancre. Si l'Eglise en la poursuivant de ses condamnations avait obtenu ce résultat, elle eût bien mérité de la société. Mais voici que l'argent se présente avec de nouvelles conditions dans l'état social actuel, il est devenu matière de commerce, il ne peut plus être considéré comme stérile et improductif. L'emprunteur est un locataire qui le fait valoir comme on fait rapporter un champ donné à ferme. Le monde a marché, il y a lieu de faire de l'antique doctrine une application nouvelle, le globe en mouvement reçoit la lumière sur une face qu'il n'avait pas présentée encore. Et il en est ainsi des autres points de l'enseignement de l'Eglise. Il en est ainsi notamment de nos doctrines sur la constitution et l'organisation des sociétés ; sur les rapports de l'ordre civil avec l'ordre spirituel. Il en est ainsi de ce que l'on appelle d'une manière assez étrange « la politique pontificale.» Rien, rien n'est changé du côté de l'Eglise, mais l'antique doctrine répondant à un appel est venue au-devant de besoins nouveaux. Elle a dit les mêmes vérités que dans tous les siècles, en un langage adapté à l'état d'esprit du monde moderne. Voilà tout.

Si nous avions à choisir un mot qui exprimât la notion et marquât la loi de l'évolution normale de la doctrine religieuse, nous écririons : *Stat crux dum volvitur orbis.* La croix, l'Eglise, la doctrine religieuse restent fixes. C'est le monde qui, autour de cet axe, accomplit ses interminables révolutions.

II.

DES OCCASIONS QUI PROVOQUENT L'ÉVOLUTION DE LA DOCTRINE RELIGIEUSE.

Nous établissons soigneusement la distinction entre les occasions et les causes du développement de notre doctrine. L'occasion telle que nous l'entendons, n'influe pas directement par elle-même sur l'évolution de la science de la révélation, souvent même, elle ne tendrait qu'à en arrêter le mouvement progressif, et loin d'être un élément de vitalité, elle pousserait à la décadence. C'est un mal ou une imperfection, une souffrance, une erreur qui provoquent l'essor et la vivifiante influence de la vérité et du bien. Dans une matière si grave, écoutons nos maîtres.

« Le Dieu tout-puissant qui tient dans sa main la trame des événements, étant le bien parfait, ne souffrirait aucun mal dans son œuvre, s'il n'avait en sa puissance et en sa bonté les ressources infinies qui lui permettent de faire sortir le bien du mal lui-même (1). »

Viennent donc les hérésies, que l'homme ennemi de la vérité fasse entendre sa voix au scandale des fidèles, que la tempête s'élève menaçante comme pour engloutir la nacelle de la foi : la vérité sera affirmée ; elle parlera, et les nautonniers rendus plus vigilants éviteront les écueils en gouvernant vers l'entrée du port.

« L'assertion hérétique appelle l'affirmation catholique et ceux dont la pensée est mauvaise ont donné lieu de se produire à la pensée des fidèles. Parce qu'ils étaient hérétiques, les méchants ont troublé l'Eglise de Dieu ; et la vérité couverte d'un voile a été mise au jour, et la volonté divine s'est manifestée.

« Beaucoup d'hommes capables d'étudier et d'établir les vérités de l'Ecriture restaient silencieux et cachés au milieu du peuple de Dieu, et ils ne se mettaient pas en peine de résoudre les questions difficiles tandis que l'imposteur ne parlait pas. Avait-il été fait un exposé vraiment achevé du dogme de la Trinité avant que les Ariens fissent entendre leurs cris provocateurs, *antequam oblatrarent Ariani ?* Le dogme catholique de la pénitence avait-il été parfaitement expliqué avant les attaques des Novatiens ? La théorie du baptême avait-elle été pleinement exposée avant l'hérésie des rebaptisants ? La théologie de l'unité du Christ avait-elle reçu son entier développement et sa perfection avant que le schisme ne vînt troubler les faibles ? Ce fut le moment pour ceux qui possédaient le moyen de traiter et de résoudre ces questions, de répondre aux discours des impies et de mettre en lumière les obscurités du dogme pour sauver la foi des âmes chancelantes (2). »

« La divine Providence permet donc à l'hérésie de répandre sa doctrine, pour que ses insultes et ses orgueilleuses provocations remuent notre indolence et nous poussent à l'étude des Ecritures. L'Apôtre n'a-t-il pas dit : « Il faut qu'il y ait des hérésies pour que les fidèles de Dieu aient l'occasion de s'affirmer. » Il y

(1) S. Augustin. *Enchirid.* C. 11.
(2) S. August., *Enarrat. in ps. LIV*, n° 22.

a des hommes qui ont reçu du ciel les dons qui les rendent capables d'enseigner, mais ils n'agissent pas, ils ne communiquent pas leur science si on ne leur en fait la demande. D'autres non pas d'énergie pour la recherche de la vérité, si leur sommeil n'est secoué par les importunités et les insultes de l'hérésie qui les fait rougir de leur faiblesse et leur en montre le danger (1). »

Origène expose la même pensée dans un style imagé. « Que l'on approche les vases d'airain, que l'on me fasse entendre la voix des hérétiques près de l'autel de Dieu, où est le feu sacré, où retentit l'enseignement véritable, la vérité apparaîtra plus vive par le rapprochement du mensonge. Que je prenne les assertions de Marcion ou de Basilide, ou de tout autre hérétique, et que je les réfute avec la parole de vérité, avec le témoignage des Ecritures, à la lumière de ce feu divin, est-ce qu'on n'en verra pas mieux l'impiété ? Si la doctrine religieuse se présentait à nous dans sa chaste nudité, si elle n'était entourée des affirmations de la doctrine hérétique, votre foi ne paraîtrait pas si étincelante et si pure. L'opposition des contradicteurs assiège la doctrine catholique, afin que notre foi ne languisse pas dans l'oisiveté, et qu'elle s'avive par la lutte. C'est pour cela que l'Apôtre disait : « Il faut qu'il y ait des hérésies, afin que se montrent parmi vous les hommes éprouvés..... » Quand on verra briller comme de l'or la foi de l'Eglise et que son enseignement aura l'éclat de l'argent éprouvé dans la fournaise, il y en aura plus de déshonneur et de honte pour l'airain vil des hérétiques (2). »

L'hérésie est donc la grande occasion du progrès doctrinal dans l'Eglise. Nous avons entendu S. Augustin nous dire quel avait été le résultat des hérésies d'Arius, de Novat, de Nestorius, pour la théologie catholique. Le même fait se vérifia toujours. N'est-ce pas à l'hérésie pélagienne que nous devons les plus beaux écrits d'Augustin lui-même? Défenseur de la vérité chrétienne,

(1) S. Aug., *De genesi contra manich.* L. I. c. I, n° 2.
(2) *Homil. IX in Numer.*

champion de l'Eglise, il multiplie ses efforts contre des attaques sans cesse renaissantes, et nous donne ainsi une théologie complète de la grâce. C'est le fond où puiseront à pleines mains les théologiens qui voudront traiter cette partie de la science sacrée.

Saint Thomas n'eût peut-être jamais songé à écrire certains de ses chefs-d'œuvre, s'il ne se fût trouvé en présence des erreurs rationalistes que le moyen âge redemandait à la philosophie païenne ou aux hérésies des premiers siècles.

Le Protestantisme déchire le sein maternel de l'Église, il emploie toutes les ressources de l'orgueil, de la puissance, de la haine, à renverser la doctrine traditionnelle. A la lumière de l'Écriture, il prétend découvrir des erreurs dans ce que l'Église avait toujours enseigné. « On me demandera, dit saint Vincent de Lérins, si les hérétiques font usage de l'Écriture. Ah ! certes oui, ils en font usage et usage à outrance. Ils volent de Moïse aux livres des Rois, aux psaumes, aux Prophètes, aux Évangiles. Chez eux, chez les étrangers, en secret, en public, dans leurs discours, dans leurs écrits, au milieu des festins, sur les places publiques, ils ne diront rien qu'ils ne cherchent à le justifier par l'autorité de l'Écriture.......... Lisez leurs livres, vous y verrez entassées les citations ; il n'est presque pas une seule de leurs pages qui ne soit fardée de sentences enpruntées au Nouveau ou à l'Ancien Testament. Ils n'ignorent pas comment seraient accueillies leurs productions malsaines si elles se présentaient dans leur naturel ; c'est pourquoi ils les parfument de l'arôme de la céleste doctrine, afin que ceux qui n'auraient que du mépris pour l'erreur humaine s'inclinent devant les oracles divins (1).»

Ne dirait-on pas une page de l'histoire de la Réforme écrite onze ou douze siècles à l'avance ?

Il fallait donc venger l'Écriture outragée, rétablir les sens faussés, « appliquer la règle divine qui veut que le dogme religieux soit fixé par la tradition de l'Église universelle (2). » Et voilà que des voix calmes et graves

(1) *Commonitor*, c. 26.
(2) *Commonitor*, c. 27.

s'élèvent dominant tout ce vain bruit des portes de l'enfer. Pour les docteurs catholiques, l'Écriture et la Tradition ouvrent leurs trésors; la vérité se montre portant à son front royal une nouvelle splendeur, et assise sur un trône que l'erreur n'a pas ébranlé, elle offre aux siècles à venir les immortels enseignements du concile de Trente.

Que celui qui sème l'ivraie dans le champ du Père de famille essaye de désespérer les âmes par l'hérésie du Jansénisme. Les paroles des anciens Pères, les décisions des conciles sur le dogme de la grâce seront étudiées à fond; les relations de la liberté humaine avec l'action divine seront expliquées avec plus de précision, le rôle de la nature et du surnaturel dans l'homme sera mieux marqué. Les décisions pontificales viendront au secours des fidèles, et la piété encouragée, évitera le piège où les faux docteurs voulaient la faire tomber.

Sans les provocations de l'erreur gallicane, le dogme de l'infaillibilité pontificale n'eût pas été éclairci, entouré de preuves innombrables et démontré jusqu'à l'évidence, comme il l'a été par les théologiens ultramontains, avant qu'il eût été défini par le concile du Vatican. Là encore, les résistances ont mis en action les forces vives de l'Église, et du choc a jailli l'étincelle lumineuse.

Si la critique voltairienne travaille à détruire la religion par la moquerie et le rire satanique, elle pourra faire un grand mal, répandre le vice, le blasphème, le sacrilège, et hâter la ruine du peuple qui l'aura écoutée. Mais lorsque le châtiment aura commencé à désabuser les esprits et qu'ils seront disposés à entendre le langage de la vérité, quels hommages recevra le Christianisme! quels beaux livres écrits à son honneur! et dans ces productions du génie, quelle brillante aurore d'un beau jour pour la religion!

La critique religieuse a-t-elle pris la forme scientifique dans les écoles d'Allemagne, ce nouveau péril devient une force nouvelle pour l'enseignement catholique. Acceptant de la main de la science tout ce qui est vraiment acquis et démontré, il en fait un rempart à ses livres inspirés, à ses dogmes et à sa morale. La colonne de la vérité nous apparaît plus ferme par l'inutilité des efforts de ceux qui ont tenté de l'ébranler, et les dépouilles des Egyptiens ont enrichi les fils d'Israël.

Les théories sociales nées de l'incrédulité et les calamités qui les ont suivies, n'ont-elles pas été pour des esprits graves l'occasion d'une étude plus profonde du Christianisme, de ses vérités, de sa législation ? Et le résultat de cette étude, de cet examen, n'est-ce pas la conclusion prouvée, que, seule, la religion de l'Evangile peut faire le bonheur des hommes ?

Les doctrines de la fausse philosophie et de la fausse science contemporaines n'ont-elles pas fait descendre de la chaire pontificale en mainte circonstance la bienfaisante parole de vie ? On n'a pas encore oublié l'émoi produit dans le monde par l'apparition du Syllabus. Tandis que les catholiques accueillaient avec une vive reconnaissance cette lumière, ce secours, ce soulagement offert à la conscience chrétienne, la libre pensée faisait rage et employait les ressources de l'insulte et de la menace pour anéantir l'effet produit par le document pontifical. Preuve évidente que le coup avait porté juste, et que la vérité religieuse affirmait ses droits avec une nouvelle vigueur au moment même où l'impiété croyait déjà la saisir, l'étreindre et l'étouffer.

Lorsque aux théories de la morale athée, rationaliste, matérialiste, anti-sociale, Léon XIII répond par une de ces puissantes Encycliques où la vérité chrétienne se dresse dans sa majesté, n'y a-t-il pas dans les régions intellectuelles un irrésistible mouvement d'attention ? L'apparition soudaine de cette vive lumière oblige les esprits les plus hostiles à tourner les yeux vers le foyer d'où elle jaillit ; et au milieu de leurs protestations ou de leurs négations, les adversaires de la révélation ne peuvent refuser une parole d'hommage à cette sagesse dont la profondeur les étonne.

Voilà comment, en réprimant chaque tentative de révolution doctrinale, l'Eglise produit une heureuse et féconde évolution.

En étudiant la marche de l'erreur au cours des siècles nous avons fait une observation qui nous a vivement frappé. Nous avons constaté dans cette marche une évolution descendante qui s'est poursuivie avec une logique et une régularité merveilleuses.

A l'origine de la société chrétienne, apparaissent les différentes sectes de Gnostiques dont les doctrines grossières et impures sont la négation expresse ou équivalente de la divinité.

La première des grandes hérésies, l'Arianisme, touche à la pierre angulaire de la foi, au dogme de la divinité du Verbe, dont elle fait un être créé inférieur au Père de toute la distance de la créature au Créateur. Foudroyée à Nicée, en vain elle essaiera de relever la tête avec l'aide des puissances séculières, ou de se glisser sous le sol de l'Eglise en rampant et en se couvrant de la dissimulation cachée dans les termes ambigus : c'est fini ; elle se traînera expirante jusqu'à l'apparition du Nestorianisme.

Nestorius ne s'attaque plus au Verbe dans sa divinité ; il l'insulte dans son Incarnation. Il le divise en deux personnes, l'une divine, l'autre humaine. Le fils de la Vierge n'est pas le Fils de Dieu ; c'est un homme qui subsiste à côté d'un Dieu, un homme en qui réside Celui qui engendré de toute éternité est égal au Père.

Eutychès voyant que l'Eglise condamnait la doctrine de la dualité de personne dans l'Incarnation, se jette dans une erreur contraire, et de l'unité d'hypostase, conclut à l'unité de nature, au mélange, à la confusion de l'humanité avec la divinité.

Les Pères ont parlé à Ephèse et à Chalcédoine. Chassée du domaine de l'Incarnation, l'erreur va reparaître plus loin pour jeter son ivraie dans le champ de la grâce et tenter de réduire à néant le don divin qui est le fruit de l'union de Dieu avec la nature créée. Pélage, en exaltant la puissance du libre arbitre, rendrait inutile la vertu de la croix de Jésus-Christ ; il n'y aurait plus lieu de parler de la Rédemption ni de la nécessité d'un secours surnaturel pour conduire l'homme à sa destinée supérieure.

Arrivée à ce point, la pensée hétérodoxe semble rebrousser chemin pour un instant, et faire un retour offensif vers le mystère de l'Incarnation, par le monothélisme et l'adoptianisme. Mais à y regarder de près, on reconnaîtra que ces erreurs pénètrent moins profondément dans le dogme que le pélagianisme. Elles ne nient pas la grâce ; la première qui est un corollaire de la doctrine d'Eutychès, confond, dans le Christ, les énergies créées avec le principe d'action divin ; la seconde croit trouver dans la grâce qui accompagne l'Incarnation le titre de l'adoption divine pour celui qui est le Fils unique de Dieu. L'erreur suivait donc toujours sa marche descendante, s'éloignant de plus en plus des hautes régions où elle avait commencé l'attaque, posant sa base d'opérations dans le monde visible, pour y couper aux âmes leurs communications avec les sources de la vie surnaturelle. Ce fut le schisme, la séparation de l'Eglise d'Orient d'avec le centre de l'unité religieuse ; ce furent les passions des Vaudois et des Albigeois ; ce fut une tentative de rationalisme dans Roscelin et dans Abailard ; ce fut l'orgueil de Wiclef ; ce fut le grand schisme d'Occident, ce fut le Protestantisme. La Réforme, comme on l'appelait, ne s'attaquait plus à la divinité de Jésus-Christ, mais à l'autorité de son Vicaire ; elle ne niait plus la nécessité de la grâce, elle en coupait les canaux, les sacrements ; elle combattait avec une ardeur toute particulière l'Eucharistie ; elle déclarait ne pas redouter les conciles, quand la Bible en main, elle dogmatisait au caprice de chacun de ses adeptes. Le dogme ainsi sacrifié, elle ruinait la morale avec la théorie de la justification par la foi sans les œuvres.

Feignant de condamner chez les catholiques le relâchement qui avait donné prise aux accusations des novateurs, le Jansénisme hypocrite, habile, dissimulé, en prêchant l'austérité arrivait au même but que le Protestantisme, à isoler les fidèles du secours surnaturel des sacrements.

L'erreur avait parcouru son cycle. Au XIXe siècle, nous la voyons revenue à son point de départ, où elle a rapporté, dans le naturalisme et le rationalisme, un résidu de tout ce qu'elle avait amassé de faussetés sur sa route.

D'où est venu au mensonge l'idée de cette tactique avec laquelle il a opéré de siècle en siècle sa retraite, à mesure que la lumière de la vérité le chassait des positions où il s'était établi au sein des ténèbres? Son hégire n'est-elle pas savante? Quoi donc? Au-dessus de l'esprit humain, au-dessus de ses faiblesses et de ses témérités, y aurait-il une intelligence ennemie du vrai, froide, habile dans ses calculs, haineuse, dont l'hérésie ne serait que la servante? Cette logique, cette liaison des mensonges au cours des siècles, ne font-elles pas penser à un esprit d'erreur et de révolte qui dure lorsque les siècles passent et disparaissent? « Satan a demandé à vous cribler comme on crible le froment, » disait Celui qui savait toutes choses.

En face de l'œuvre de l'esprit de mensonge, nous pouvons voir l'œuvre de l'esprit de vérité. Que l'on réunisse les écrits des Docteurs de la foi dans l'ordre chronologique où ils parurent pour la défense de la doctrine outragée. Cet ordre des temps sera l'ordre même de la logique. On aura composé une magnifique théologie, où les dogmes se montreront dans leur enchaînement naturel.

Il y a un traité *de vera religione* dans les apologistes chrétiens, depuis Hermas jusqu'à Tertullien. S. Irénée a fait le traité de la foi. Il suffirait de prendre les pages les plus lumineuses de S. Epiphane, de S. Hilaire, de S. Basile, de S. Grégoire de Nysse, de S. Ambroise de S. Jean Chrysostome, et de les placer dans le cadre tracé par les théologiens, pour avoir dans leur intégrité l'exposé des dogmes de la Trinité et de l'Incarnation. Saint Augustin expliqua si largement le dogme de la grâce, que ceux qui après lui ont voulu explorer le mystère de nos relations avec Dieu ne se sont crus en sécurité qu'en le suivant pas à pas.

Les actes des six premiers conciles généraux sont un admirable résumé de la théologie dogmatique positive, et de plus, ils nous offrent un traité *de Romano Pontifice.*

La théologie sacramentaire avait été expliquée, sans que les Pères eussent eu le dessein d'en faire un exposé spécial.

Ce coup d'œil suffit pour nous montrer que le mal fut toujours l'occasion d'un développement du bien, que les ténèbres appelèrent la lumière, que les ennemis de l'Evangile le servirent malgré eux, lorsqu'ils croyaient le détruire.

Mais l'erreur qui devient l'occasion de l'efflorescence de la vérité ne naît pas toujours chez les ennemis de l'Eglise. Il peut se faire que des hommes dont la foi et la piété sont dignes de tous éloges, prennent le change sur tel ou tel point de la vérité révélée, tandis que l'autorité d'où émanent les décisions dogmatiques n'a pas formulé son jugement. En attendant la définition qui mettra fin aux débats, la cause est plaidée, discutée, les raisons pour et contre sont apportées par les parties adverses qui, tout en différant d'opinion, ne cessent pas d'être unies par les liens de la charité et du même dévoûment à l'Eglise. « Il y a dans la foi des points non encore éclaircis, sur lesquels des hommes très doctes et très dévoués défenseurs du dogme catholique, sans toucher au lien de l'unité, sont en divergence d'opinion; et il arrive que les uns parlent un langage plus parfait et plus exact que les autres (1). »

« Au temps de saint Cyprien, la question du baptême n'avait pas encore été pleinement exposée. L'Eglise gardait fidèlement ses saintes coutumes, se contentant de réparer dans les hérétiques et les schismatiques ce qui avait été mal fait, et ne réitérait point ce qui ayant été donné une fois existait toujours.

« Cette coutume salutaire, Cyprien observa qu'elle avait commencé d'être changée par Agrippin, l'un de ses prédécesseurs. Une aussi grave question se dressant tout à coup, au moment où il n'était pas facile d'en pénétrer les profondeurs, les esprits furent envahis par un nuage de difficultés qui leur cachait la route de la vérité. Epuisé de lassitude, Cyprien se livre à l'autorité du concile qui avait été réuni sous Agrippin, aimant mieux s'appuyer en toute confiance sur la décision de ses devanciers que de faire lui-même les recherches nécessaires.... Enfin, après beaucoup de travaux et de controverses entre de nombreux antagonistes, non seu-

(1) S. Aug. *Contra Julianum*, Lib. I, c. 6, n° 22.

lement la vérité se montra, mais elle s'éleva jusqu'à la majesté et à la force d'un concile général (1). »

Voici un autre exemple, tout près de nous :

Les questions scripturaires préoccupent à un haut degré la science contemporaine. Les critiques rationalistes ne nous menacent de rien moins que de ravir au Livre que nous vénérons le prestige tout-puissant de l'autorité divine. Ce livre, ils l'ont scruté, non comme le voulait le Maître pour y trouver le nom divin du Christ, mais pour y apprendre à le réduire à des proportions humaines, ce nom adoré. La grammaire, l'histoire en main, ils ont formulé des objections contre les récits sacrés. Pour leur répondre, les catholiques se sont partagés en deux camps, celui des tenants de l'antique doctrine et celui des partisans d'une nouvelle formule sur l'étendue de l'inspiration. Aile droite les premiers, aile gauche les seconds, dit un savant écrivain (2) qui, vu l'importance des choses, crut devoir relater dans un article fort étudié, la théorie admise à l'aile gauche. Il déclarait toutefois qu'il entendait l'exposer et nullement se l'approprier. Nous citons :

« A l'aile gauche, se rangent ceux qui ne craignent « pas d'admettre des énoncés inexacts dans la Bible. Dieu « alors n'en serait pas responsable, et il serait cependant l'inspirateur de tout l'ouvrage. Comment cela? « C'est que autre chose est révéler, autre chose inspirer. « La révélation est un enseignement divin qui ne peut « porter que sur la vérité. L'inspiration est une action « motrice qui détermine l'écrivain sacré à écrire, le « pousse, le surveille. Cette motion, selon l'hypothèse « que j'expose, garantirait l'écrit de toute erreur dans « les matières de foi et de morale ; mais on admettrait « que la préservation ne va pas au delà ; elle aurait « alors les mêmes limites que l'infaillibilité de l'Eglise. « La promesse d'inerrance n'a été faite à l'Eglise que « pour nous proposer avec certitude l'objet de la « croyance et la règle des mœurs. Sans doute, la Bible

(1) S. Aug. *de Baptismo*, Lib. II. nn. 12-14.

(2) Mgr d'Hulst, *Le Correspondant* du 25 janvier 1893, *La question biblique.*

« n'est pas seulement infaillible comme l'Eglise, elle est « inspirée. Mais si l'inspiration s'étend à tout, peut-être « ne confère-t-elle pas l'infaillibilité à tous les dires de « l'auteur inspiré, peut-être réserve-t-elle ce privilège « aux dires qui intéressent la foi et les mœurs, peut-être « les autres énoncés que l'inspiration ne garantirait pas, « sont-ils là seulement pour servir de véhicules à un « enseignement concernant la foi et les mœurs; peut-« être le Dieu inspirateur qui aurait pu redresser, même « en pareil cas, les erreurs matérielles de l'écrivain « sacré, a-t-il jugé inutile de le faire.

« Telle est l'opinion de l'école qu'on pourrait appeler « large. »

Ici, l'auteur de l'article indique les raisons que les partisans de cette opinion font valoir en sa faveur.

« D'abord, le meilleur moyen de déterminer les effets de l'inspiration, c'est d'en chercher le motif. Or la fin que Dieu s'est proposée en dictant les saints Livres a été de conduire l'homme à sa destinée surnaturelle, en l'instruisant de ce qu'il doit croire, espérer et pratiquer. Si donc il est nécessaire que tous les énoncés de la Bible qui se rapportent à cette fin soient des affirmations divines, cela peut paraître douteux pour les autres.

« En second lieu, le concile de Trente, parlant de la Vulgate, la déclare version officielle de l'Eglise pour les lectures publiques, argumentations théologiques, prédications et expositions doctrinales. Or tout cela indique en vue de quel usage la Vulgate est ainsi recommandée, il s'agit de l'enseignement de la vérité révélée, et pas d'autre chose....

« En outre, le concile du Vatican déclare que le vrai sens des Ecritures est celui que tient la sainte Eglise, seul juge de l'interprétation des saints Livres. Mais il a soin d'ajouter que l'interprétation dont il s'agit et qui est soumise à ces règles, est celle de la Bible dans les choses de la foi et de la morale, dans les choses qui ont pour objet la détermination de la doctrine chrétienne. Devons-nous croire que Dieu ait fait la Bible infaillible en des points où l'Eglise ne prétendrait pas l'être..... »

« Reste à savoir, disait le savant écrivain, l'usage que

l'on fera de la liberté que cette théorie semble donner à l'exégète. Les uns ne l'appliqueraient qu'à de menus détails, aux *obiter dicta.* D'autres la pousseraient à certaines questions scientifiques, puis à des passages considérables qui présentent un caractère historique. Ce dernier point lui semblait être « l'axe principal sur lequel devaient tourner désormais les controverses bibliques. »

Voilà la nouvelle voie par laquelle des savants étaient prêts à marcher, espérant qu'elle les conduirait plus sûrement que l'ancienne aux trésors de la révélation. C'était l'exégèse allemande et anglaise qui avait ouvert cette route. On y avait d'abord marché sans bruit. Et même, quelques hardis explorateurs, après s'y être trop avancés, effrayés de sentir un terrain mouvant sous leurs pas, et redoutant des précipices, avaient rebroussé chemin. Un professeur du Collège Romain (1) écrivait en 1875.

« Des hommes dévoués m'ont indiqué, en m'en demandant mon avis, une opinion nouvelle sur l'extension de l'inspiration dans les Livres sacrés, qui se trouve exposée et défendue dans un opuscule écrit en langue allemande. Je l'ai jugée fausse et pleine des plus graves dangers, et il est nécessaire de l'écarter des oreilles et de l'esprit des catholiques.

« La Dissertation qui fait l'objet de l'étude du docteur ne porte plus sur le point de savoir si toutes les parties des saints Livres, tels que nous les lisons aujourd'hui, sont authentiques et émanées de la plume qui écrivit originellement ces livres ; mais on introduit une question vraiment nouvelle pour les catholiques, une question absolument théologique : à savoir, si les livres canoniques, dans toutes leurs parties authentiques, doivent être regardés comme écrits sous l'inspiration de Dieu.

« Dans les Livres sacrés, dit l'auteur, il faut distinguer la doctrine de la foi et des mœurs, la science de l'âme, des choses profanes que peuvent contenir les mêmes pages. Dans les vérités qui forment l'objet de

(1) Franzelin, *De Traditione et Scriptura*, Appendice.

la foi et la règle des mœurs, Dieu, par un secours surnaturel, préservait l'auteur de toute erreur. Mais dans les choses profanes, l'écrivain sacré était laissé à lui-même, en sorte qu'il pouvait y commettre des erreurs, car dans cette région il ne portait pas la garantie d'inerrance de l'inspiration ou de l'assistance divine.

« Théorie vraiment nouvelle! Celui qui l'avait conçue en ayant, paraît-il, remarqué le danger, s'est empressé de l'abandonner. Si je n'avais appris que cette idée s'est largement répandue par ailleurs, je n'aurais pas touché la question : c'est l'expansion de l'erreur qui m'a fait croire qu'il était nécessaire de repousser par quelques observations une idée rejetée par l'homme même qui l'avait mise au jour. »

Vingt ans après que ces graves paroles avaient été écrites, des esprits français cédaient à la tentation de reprendre en sous-œuvre une théorie qui, au moment de paraître, s'était effrayée de sa propre audace. Ils allaient la travailler, la limer, la polir, la réduire à des proportions modestes, la faire tenir le mieux possible dans le cadre de la tradition, ils allaient l'exposer avec la lumière et le charme de leur style ; en un mot, ils allaient la vulgariser. Leur but était de forger ainsi une arme nouvelle pour combattre la critique hétérodoxe, de repousser avec plus de sûreté ses attaques, et d'arrêter le travail de démolition que la science anglo-saxonne a entrepris contre la Bible.

Mais ce qui pouvait paraître un mouvement tournant habile était une manœuvre désastreuse. Le vigilant gardien du dogme éleva la voix pour donner un avertissement. Le 18 novembre 1893 parut l'Encyclique *Providentissimus Deus*, sur l'étude de la sainte Ecriture. On y lut ces paroles :

« Voici une chose désolante : parmi ceux qui, au prix « de grandes fatigues, interrogent et mettent au jour « les monuments de l'antiquité, les mœurs, les insti- « tutions des peuples et autres documents de même « nature, beaucoup agissent trop souvent en vue de « surprendre dans les saints Livres des taches d'erreur « qui infirmeraient et ébranleraient de toutes parts leur « autorité.

« Certains aussi dont l'esprit prévenu ne sait pas être « équitable, accordent aux livres profanes et aux mo- « numents de l'antiquité un tel crédit qu'ils n'y « voient la possibilité d'aucune erreur ; mais pour les « livres de l'Ecriture sacrée, ont-ils pensé y découvrir « l'ombre d'une méprise, sans plus d'examen, ils leur « refusent cette même confiance.

« Il se peut que des fautes aient échappé à ceux qui « ont transcrit ces pages ; ce qu'il faut juger avec matu- « rité et non l'admettre trop facilement, si ce n'est pour « les endroits où le fait est prouvé. Il se peut aussi que « le vrai sens d'un passage demeure douteux ; et pour « le découvrir on trouvera un puissant secours dans « les meilleures règles d'interprétation : mais il sera « toujours défendu, soit de restreindre l'inspira- « tion à quelques parties de l'Ecriture, soit d'accorder « que l'auteur sacré ait pu se tromper.

« On ne peut en effet souffrir l'opinion de ceux qui « pour se tirer de difficulté n'hésitent pas à concéder « que l'inspiration divine *tombe sur les choses de foi « et de mœurs, sans plus. Leur illusion vient de cette « fausse idée que dans la question du vrai sens de l'E- « criture, il faut moins rechercher ce que Dieu a dit que « peser le motif qui l'a fait parler.* Tous les livres « dans leur intégrité, que l'Eglise reçoit comme sacrés « et canoniques, dans toutes leurs parties, ont été écrits « sous la dictée de l'Esprit-Saint. Et bien loin que le « faux puisse se glisser sous l'inspiration divine, par « elle-même non-seulement elle le repousse, mais elle « le repousse aussi nécessairement qu'il est nécessaire « à Dieu la souveraine Vérité de n'être l'auteur d'au- « cune fausseté. C'est là l'ancienne et constante « foi de l'Eglise définie par le jugement solennel « des conciles de Florence et de Trente, confirmée « en dernier lieu et affirmée avec plus de préci- « sion encore au concile du Vatican qui décide d'une « manière absolue qu'il faut tenir pour sacrés et cano- « nique les livres entiers de l'Ancien et du Nouveau « Testament, avec toutes leurs parties, tels qu'ils sont « présentés dans le décret du concile de Trente et qu'ils « se trouvent dans l'ancienne édition de la Vulgate la-

« tine. Et l'Eglise les tient pour sacrés et canoniques, « non en ce sens que les ayant trouvés écrits avec le « seul génie humain, elle les aurait ensuite approu- « vés, ni uniquement parce qu'ils renfermeraient la ré- « vélation exempte d'erreur, mais parce que, écrits sous « l'inspiration du Saint-Esprit, ils ont Dieu pour « auteur. »

Visée dans les paroles de cette citation que nous avons soulignées, l'opinion dite large a aussitôt été abandonnée par les érudits qui ne l'avaient mise en avant que dans le but de servir l'Eglise. Ils étaient enfants soumis, et non pas disciples amateurs d'innovations. En dehors de la véritable érudition qui fait honneur à la science française, il s'est rencontré des mécontents qui ont voulu faire des protestations périlleuses. Mais si haut qu'ils aient élevé la voix, leur parole est demeurée *telum imbelle sine ictu*, une flèche émoussée qui ne pénètre pas. Voici un spécimen de leur langage :

« Il n'y a qu'un an ou deux, le Pape actuel, dans sa « lettre au sujet de la Bible, a fourni un très étonnant « exemple de cette ambiguité induisant en erreur....

« Même à Rome, on doit savoir qu'un essai réelle- « ment vigoureux pour forcer les catholiques instruits « à affirmer qu'il n'y a aucun récit dans l'Ancien et le « Nouveau Testament qui soit historiquement faux, cau- « serait certainement un schisme (1) ! »

Non, il n'y aura pas de schisme. Et Rome n'a pas seulement fait un essai; elle a résolu la question. Les hommes, qui de bonne foi étaient entrés dans la voie large, savent aujourd'hui que le progrès de la science scripturaire n'était pas dans cette direction; que les reconnaissances poussées sur cette piste ne pouvaient amener aucun résultat. Des efforts généreux ont été consumés en pure perte. L'esprit progressif des érudits s'est donné le change en cette circonstance. Il faut revenir aux grandes lignes traditionnelles, reprendre la pensée si religieuse et si hardie de saint Augustin.

(1) Citation faite par Ch. Maignen dans ses *Etudes sur l'Américanisme.*

« Pour les livres des Ecritures que l'on appelle canoniques, j'ai appris à leur rendre, mais à eux seuls, vénération, honneur, par une foi qui croit très fermement que leur auteur n'a commis aucune erreur en les écrivant. Et s'il m'arrive d'y rencontrer quelque chose qui me paraisse contraire à la vérité, je n'hésiterai pas à penser ou que la copie est fautive ou que l'interprète n'a pas saisi ce qui est exprimé, ou que c'est moi qui me trompe (1). »

Oui, c'est de ce côté que le Saint-Père lui-même nous oriente en nous invitant à la prudence dans nos critiques, mais sans blâmer d'avance ceux qui croiraient rencontrer dans le codex sacré des fautes de transcription. Tout le monde admet qu'elles peuvent exister. L'auteur dont nous venons de citer les violentes paroles aurait dû faire cette remarque, pour adoucir ses expressions. En somme, la doctrine catholique a marché dans cette région de l'autorité de l'Ecriture où tant d'esprits d'élite se donnent aujourd'hui rendez-vous. Nous savons d'une manière plus précise, après l'interprétation officielle qui nous a été donnée, la portée des expressions conciliaires : *Libri sacri, Spiritu Sancto inspirante conscripti, Deum habent auctorem*. Nous savons dans quelle pleine mesure elles excluent l'élément humain et supposent l'action divine dans tout ce qui est la partie formelle, le sens du Livre Sacré. Le progrès ira s'élargissant par l'étude des sources bibliques, par l'application de la science des langues orientales dont l'étude reconnue indispensable à quiconque veut parler de l'Ecriture, est aujourd'hui plus que jamais en honneur dans nos Grands Séminaires.

Nous ne voulons pas insister sur un sujet qui demanderait un exposé à part, notre unique but était de montrer par un exemple comment l'évolution doctrinale pouvait parfois se jeter sur l'écueil en poursuivant l'ennemi qui l'y attire, et comment ensuite elle reprenait sa route, *Petro per Leonem loquente*, Pierre parlant par son successeur. Nous pensons avoir fait

(1) Ep. ad Hieronym. 82. p. 3.

connaître suffisamment *l'occasion* du progrès de la doctrine religieuse dans l'Eglise.

On voit que certains points de la doctrine révélée peuvent passer comme par trois phases. La première est une phase de paix et de paisible possession d'une vérité qui n'est pas combattue, mais qui ne se montre pas non plus dans l'éclat d'un plein jour. On la croit implicitement dans une vérité plus étendue, ou bien l'Eglise la garde et la défend plutôt par sa pratique que par son enseignement positif et explicite.

Dans la seconde phase, c'est la lutte, la controverse ; il peut arriver alors que les débats, au lieu d'éclaircir le point en litige, ne fassent un moment qu'épaissir l'ombre qui le dérobait à nos regards.

Mais enfin, voici le soleil dans sa lumière. Les hommes ont cherché ; les gardiens de la vérité attentifs à la voix de l'Esprit-Saint proposent la vérité à la foi des fidèles, et de cette heure, il n'est plus permis de la révoquer en doute (1).

III.

DES CAUSES DU PROGRÈS DE LA DOCTRINE RELIGIEUSE.

Un libre penseur de nos temps a, dans un de ses écrits, manifesté sa surprise de trouver la théologie au fond de toutes les questions politiques et sociales dont il s'occupait. Il doit en être ainsi pourtant. La science de Dieu a naturellement son domaine partout où est Dieu, depuis les hauteurs du ciel jusqu'aux abîmes. Et par retour toutes les connaissances humaines, ayant un point de contact avec la science divine, peuvent, même à leur insu, lui être utiles, et bon gré mal gré, préparer ses triomphes.

Nous avons vu précédemment par quel secret de la sagesse qui gouverne l'Eglise, l'erreur, qui de sa nature est dissolvante et destructive, donne occasion à un plus vigoureux développement de la doctrine chrétienne.

(1) Voir Franzelin, *de Traditione divina*. Thes. XXIII. Edit. de 1875 ; Mazella, *de Virtutibus infusis*, n° 591.

Voyons maintenant comment la vérité, à n'importe quel degré de la science, dans n'importe quel ordre de nos connaissances, peut servir la doctrine révélée, faire alliance avec elle et l'aider efficacement à étendre son domaine sur les intelligences. Toute science, par le fait qu'elle se développe et se perfectionne, peut être la cause d'un progrès des esprits dans la science de la religion.

Loin donc de craindre la lumière, le catholicisme en souhaite la diffusion aussi large que possible, sachant qu'elle est son amie et son alliée, comme l'ignorance est son adversaire et son ennemie. Tout le monde se souvient du bruit que produisit à une date peu éloignée de nous le fameux discours sur « la banqueroute de la science. » Ce réquisitoire obstiné tombant au milieu de ceux qui se chantaient à eux-mêmes l'hymne de leurs triomphes scientifiques, produisit l'effet d'une bombe. Ce fut une lueur aveuglante accompagnée d'un fracas troublant. Le premier mouvement de stupeur tombé, les sommités scientifiques qui se croyaient atteintes, eurent recours à la plume, aux réunions, aux discours, voire aux banquets ! pour venger leur cause. Les catholiques, auxquels la science incrédule avait prodigué ses dédains, jouissaient de la voir en cette posture humiliée. Cependant parmi eux, quelques voix autorisées s'élevèrent pour déclarer qu'on était allé trop loin, qu'il était injuste d'accuser en bloc la science d'être tombée en faillite, qu'elle avait fait de merveilleuses conquêtes, que ses acquisitions étaient précieuses pour la foi, qu'on ne devait pas rompre le pont-levis abaissé pour l'esprit humain en marche vers l'Evangile qui de son côté venait à la rencontre de la raison.

Ces remarques étaient justes comme l'étaient les constatations de l'écrivain dont la plume avait provoqué cette mêlée. Il avait eu raison d'accuser l'esprit humain de n'avoir pas tenu ses promesses au bout de toutes ses brillantes découvertes. N'avait-on pas annoncé que l'intelligence humaine laissée à ses seules forces, délivrée de ce qu'on appelait les entraves du mysticisme, ou de la religion, irait de vérités en vérités, conduite par la loi de l'évolution progressive, et donnerait enfin aux hommes, dans un suprême triomphe, la possession de tout bien. En d'autres termes, les connaissances naturelles, rationelles, devaient conduire l'humanité à sa destinée par le chemin du bonheur.

Or, quand les laboratoires eurent obtenu de la matière toutes les réponses qu'elle consentait à donner ; quand les puissances formidables de la vapeur et de l'électricité, soumises au génie de l'homme, eurent produit des merveilles ; quand les forces naturelles appliquées à l'industrie eurent transformé le travail ; quand la philosophie positiviste eut parlé de tout cela au monde ébloui, il se trouva que la moralité ne s'était pas accrue dans la société, que le bonheur, au lieu de s'étendre sur un plus grand nombre, s'était rejeté vers quelques fortunés ; bref que la souffrance avait un degré d'acuité inconnu jusqu'alors. Où étaient les belles promesses de la science ? Quiconque rêvant une idéale félicité, avait sacrifié, vendu l'humble héritage de la foi transmis par les aïeux, ponr aller aux bureaux de la science, séduit par ses brillants prospectus, chercher de quoi se remplir l'âme, s'apercevait vite qu'il avait mal placé ses fonds. La science avait fait faillite dans cet ordre de choses.

Mais dans son domaine propre de l'observation, de l'étude des faits, de la connaissance des lois de la matière, elle avait amassé d'immenses trésors. Nous serions mal venus à les lui contester. Voilà pourquoi des catholiques, des ecclésiastiques savants réclamaient contre l'annonce, trop générale à leurs yeux, de la banqueroute de la science. Mieux vaut, disaient-ils, nous hâter de mettre à profit, pour notre propre compte, des données qui peuvent servir si largement à éclairer la doctrine que nous enseignons pour le salut du monde Nous nous devons et aux savants et aux ignorants.

Est-il une science qui sache analyser la matière, en saisir les secrets les plus délicats, en séparer les éléments, y discerner l'essentiel de l'accessoire, retenir ce Protée qui se jette de droite et de gauche, en passant par toutes les formes, pour échapper à nos investigations ? Quand le dernier mot de cette science serait un aveu de son impuissance à saisir le secret suprême, elle pourrait encore être utile à la science sacrée.

« Connaissez-vous bien la substance matérielle? Est-« ce elle que nous voyons, que nous touchons, que nous « rencontrons au bout de nos investigations scienti-« fiques? Non, Messieurs....

« Voici un corps. Approche, savant, et dis-moi ce que « c'est. J'entends bien des noms divers qui désignent « diverses substances matérielles, mais la matière elle-« même, la substance, où est-elle? — Enlève les cou-« leurs et la forme qui frappent mes regards. — C'est « fait. — Est-ce la substance que je vois? — Non, c'est « une autre couleur et une autre forme. — *Fode pa-« rietem :* perce la muraille. Prends tes instruments, « entre dans ce solide, comptes-en les molécules. — « C'est fait. — As-tu vu la substance? — Non, toujours « des phénomènes. — *Fode parietem !* Fais entrer dans « cette matière résistante des agents qui la désa-« grègent et la dissolvent. La voilà qui s'affaisse et « s'étend. Ce n'est plus qu'un liquide opaque, au fond « duquel tu peux plonger les doigts. Est-ce la sub-« stance elle-même que tu touches? — Non, des quan-« tités et des superficies. — *Fode parietem.* Active tes « fourneaux, condense la chaleur, tourmente, cherche, « cherche toujours. Ah ! voilà la matière exaspérée qui « entre en ébullition et se vaporise. Le liquide n'est « plus qu'un gaz invisible et impalpable. Il embaume, « il empeste, il fuit, il détonne, mais te montre-t-il sa « substance ! — Jamais. — Eh bien, reprends-le, et « qu'après mille tortures, ce Protée recouvre sa pre-« mière forme, au fond de tes creusets. Pauvre savant, « tu l'as bien maltraité, mais il n'a pas parlé (1). »

L'orateur qui parlait ainsi montrait, sous une forme humoristique, à ceux qui combattent l'esprit au nom de la matière, qu'ils ne savent même pas ce qu'est la matière, qu'elle renferme dans sa substance un grand secret, où seul peut pénétrer le Créateur qui en la

(1) Le R. P. MONSABRÉ, *Conférence sur les miracles eucharistiques.*

faisant lui dit de cacher à l'homme le meilleur d'elle-même.

En étudiant la conformation du globe terrestre, en pénétrant dans ses entrailles, en retrouvant les traces des révolutions qu'il a subies, la science apportera son appoint au livre inspiré où Moïse raconte le commencement des choses, leurs transformations et les cataclysmes qui les amenèrent à l'état où nous les trouvons aujourd'hui.

Ici parfois, le sphinx de la science, avec ses mystérieuses énigmes, menace d'engloutir l'enseignement traditionnel. Mais le croyant ne s'effraie pas : un peu de patience, quelques recherches encore, et l'adversaire vaincu se fera son aide. La science dira un mot qui sera un trait de lumière pour elle et pour nous. La science achevée se retrouve toujours d'accord avec la Bible. De nombreux exemples, surtout dans notre siècle, confirment cette assertion.

En effet, l'étude de la vie et des mœurs des peuples, des races antiques et primordiales, donnera à la science religieuse la clef et l'explication de bien des difficultés, la solution de beaucoup d'objections que l'on fait aux livres inspirés. Certains traits de la vie des Patriarches, des Juges, des Rois, des Prophètes d'Israël, qui nous paraissent incompréhensibles, ont leur explication toute simple et toute naturelle dans les mœurs des Orientaux.

Pour entrer en rapport avec ces vieux peuples et faire parler leur poussière, nous devons nous adresser à eux dans la langue dont ils se servaient, en connaître les secrets, l'art infini par lequel l'homme sait faire ressortir dans l'expression toutes les nuances de sa pensée. La linguistique est, en effet, mise chaque jour à contribution par les ennemis et par les défenseurs de la religion révélée, et elle nous fournit souvent les plus précieuses données pour confirmer la vérité des récits et des assertions des Livres saints.

« A la fin du dernier siècle, la multitude innombrable des langues graduellement découvertes semblait rendre beaucoup moins probable l'unité primitive du langage,..... et certaines analogies entre les idiomes déjà connus venant à disparaître en même temps, il parut que la philologie comparative détruisait toutes les preuves de leur séparation d'une souche commune......

« Cependant, même à cette époque, un rayon de lumière pénétrait dans ce chaos de matériaux entassés par les compilateurs, et c'est même alors que l'on fit le premier pas décisif vers une nouvelle organisation, en divisant ces matériaux en masses homogènes distinctes....

« Les affinités, qui d'abord n'avaient été que vaguement aperçues entre des idiomes séparés dans leur origine par l'histoire et la géographie, commencèrent alors à paraître déterminées et certaines. On trouva que des connexions nouvelles et très importantes existaient entre les langues... L'histoire de cette science nous fait voir comment chaque investigation nouvelle tend à corriger de plus en plus les dangereuses tendances manifestées par notre science dans ses premières périodes (1). »

Le Christianisme n'est pas seulement une philosophie surnaturelle ; c'est un grand fait qui a traversé les siècles. Il a donc son histoire, son origine, son développement, sa marche, ses phases, ses épreuves, ses luttes, ses souffrances, ses triomphes, ses journées décisives. En toutes ces choses, paraît la main de Dieu qui conduit les événements au résultat final voulu par son infinie sagesse. Quelles peines, quelles agitations ne se donne pas la libre pensée pour ramener ce fait à des proportions humaines. Elle a, dans un langage académique, dénigré les grands hommes de l'Ancien Testament ; elle a concentré ses efforts contre la personne adorée et intangible de Jésus, elle a dénaturé le rôle des Apôtres en faussant l'aspect du milieu où s'exerça leur action, elle a jeté ses invectives au gouvernement de l'Eglise; elle a prodigué les mépris et les insultes aux saints, aux héros de la grande société des âmes.

Grâce à Dieu, la vérité n'a jamais été en retard sur son adversaire. L'histoire fidèle a tracé les lignes

(1) WISEMAN, *Etude comparée des lois*. 1er Discours.

exactes de la vie du Christianisme. Celui qui veut lire avec un esprit impartial n'a pas besoin de raisonnements compliqués pour fixer son jugement : les faits dans leur trame sont une démonstration décisive de la continuelle intervention de Dieu dans la vie de l'Eglise, depuis son origine jusqu'à nos jours. Oui, chaque siècle apporte un nouvel éclat à la lumière du Christianisme. Il est vrai, nous nous éloignons de notre origine, les perspectives changent pour les passagers à mesure que le vaisseau s'éloigne du rivage et monte au large; mais chaque tempête apaisée au moment où elle était le plus en fureur, chaque ennemi vaincu, chaque vertu individuelle ou sociale poussée à l'héroïsme, chaque bienfait répandu sur le monde, sont autant de traits qui mettent au ciel de notre histoire le rayonnement du surnaturel, du divin.

Il est une science plus grande que celles dont nous avons parlé jusqu'ici et qui contribue plus activement au progrès de la doctrine religieuse.

Étudier l'homme en lui-même, connaître son âme avec ses facultés, sa destinée ; sonder son intelligence, en découvrir les procédés, les lois ; apprécier la valeur des données de la raison, recueillir les leçons de cette voix intérieure qui nous exhorte à chercher le vrai, à aimer le bien ; s'élever au sommet de toutes les connaissances afin de découvrir la source commune d'où elles partent, le but commun où elles tendent ; des faits remonter aux principes ; sous les traits particuliers de l'être individuel, retrouver les grandes lignes de l'être en général ; acquérir ainsi les vraies notions des choses ; comparer ces notions pour distinguer celles qui s'appellent mutuellement ou se repoussent ; faire la synthèse de chaque ordre de vérités ; fixer pour toujours l'exacte expression de ces concepts, tel est le partage de la philosophie.

Ne fît-elle que donner à l'intelligence de la pénétration et de la vigueur, elle lui rendrait encore un service de la plus haute importance en la préparant à l'étude de la théologie.

Mais elle fait bien plus, elle ambitionne l'honneur de servir la doctrine religieuse. Quel sera ici son rôle ?

« Dans l'économie établie par Jésus-Christ, dit le cardinal Franzelin (1), la connaissance des vérités révélées, nécessaire à la foi qui nous fait chrétiens, n'exige pas la culture de l'esprit par la science profane. De même que les Apôtres, laissant dans leur enseignement les habiles discours de la sagesse du siècle, avaient recours aux manifestations de l'Esprit et de la vertu qui les inspirait, ainsi la foi des fidèles est l'œuvre de la puissance divine, et non de la sagesse des hommes. »

Ce n'est donc pas à la philosophie de nous enseigner les principes de la foi ; son but ne saurait être de nous faire admettre, à la suite et en vertu d'une démonstration scientifique, les vérités surnaturelles.

Mais sa mission sera d'éclairer d'un jour nouveau dans notre esprit les vérités que la foi y aura déposées.

La raison philosophique pourra établir la possibilité du surnaturel, de la révélation, d'une intervention spéciale, d'une manifestation particulière de l'action divine dans le monde.

En perfectionnant les concepts de l'entendement, en donnant de la précision aux idées, elle trouvera des termes plus exacts et plus parfaits pour les exprimer. Et ainsi elle aura préparé à la doctrine religieuse une entrée plus large, une demeure plus ornée dans l'esprit humain. L'homme saura mieux redire en son propre langage ce que Dieu lui a dit en son langage mystérieux. Il saura écarter de son entendement toute conception incompatible avec le sens divin du dogme révélé, toute idée qui tendrait à l'anéantir ou du moins à le dénaturer ; il aura des expressions toutes prêtes pour rendre avec fidélité ce que Dieu sait et exprime divinement.

Ce ne sera pas à la philosophie de fixer le sens et l'expression de la vérité religieuse : ceux à qui revient cette tâche l'accomplissent sous l'influence d'une lumière plus sûre que celle de l'esprit humain ; néanmoins la philosophie pourra leur être une précieuse

(1) *De habitud. ration. hum. ad fidem*, c. VI, 2 p.

ressource pour faire choix des idées et des termes qui rendent le mieux l'idée divine. Et ces idées et ces termes resteront à jamais l'expression véridique et inattaquable de l'éternelle vérité.

La philosophie en élaborant les notions immuables de substance, de personne, de nature, jetait donc de la lumière autour des dogmes fondamentaux de la Trinité, de l'Incarnation, de la Grâce ; elle enseignait à l'esprit humain le concept analogue qu'il pouvait s'en former ; elle préparait à la vérité un langage digne de sa majesté et de son immaculée pureté, à l'erreur et à l'hérésie une réfutation sans réplique. Et plus la philosophie aura développé ses lumières, et mieux elle saura découvrir dans la vérité religieuse ces traits de beauté, de simplicité, de clarté, qui la font entrer plus profondément dans l'esprit de l'homme, et dont la vue est pour nous une sauvegarde contre la séduction de l'erreur. *Non veritatem (in se) facit potentiorem, sed debilem adversus eam facit sophisticam argumentationem, et propulsans dolosas adversus veritatem insidias, dicta est vineæ apta sepes ac vallum* (1).

Elle ne changera pas, elle ne fera pas varier le sens des dogmes définis : *Sacrorum dogmatum is sensus perpetuo est retinendus quem semel declaravit sancta Mater Ecclesia, nec unquam ab eo sensu, altioris intelligentiæ specie et nomine, est recedendum* (2). Elle pourra nous aider à en acquérir une plus exacte et plus profonde intelligence.

A ce que nous disons ici du rôle de la philosophie dans l'explication de la doctrine révélée, se rattache la question si ardemment débattue des *Témoins anténicéens du dogme de la Trinité*. Les docteurs catholiques qui vécurent avant le concile de Nicée avaient-ils la notion scientifique de la Trinité, du dogme fondamental de la croyance chrétienne ? Avaient-ils parfaitement saisi la distinction spécifique entre la nature et la personne ? Le théologien Pétau avait résolu la question par la négative. Sa thèse a été reprise de nos jours :

(1) Clem. Alex. Strom.
(2) Concil. Vatic. Const. *Dei Filius*, c. 4.

« Pour exprimer ma façon de penser dans toute sa noirceur et sans ménager les termes, je crois que *plusieurs auteurs* anténicéens ont exprimé des vues inconciliables avec l'idée que nous nous formons de la consubstantialité du Verbe; qu'ils ont professé sur certains points des doctrines qui seraient actuellement, ou classées parmi les hérésies, ou considérées comme conduisant logiquement à l'hérésie.....

« Les textes sont là, et les textes se refusent à une interprétation plus bénigne que celle que j'ai formulée. On peut se défier de mon exégèse, et dire que d'autres ont vu ces textes et n'y ont point découvert ce que j'y trouve. *Insipiens dico,* mais en fin, sans me croire infaillible, ni prétendre à une bien grande autorité, je ne crois pas que tout le monde soit qualifié pour m'accuser de comprendre de travers un texte grec ou latin de difficulté moyenne, comme ceux dont il s'agit. Du reste, s'il faut procéder par autorités, je dirai que ces textes ont été examinés de très près par Pétau qui était un grand philologue en même temps qu'un grand théologien (1).... »

Le caractère tout positif et nullement polémique de cette étude ne nous permet de formuler ni une adhésion ni une opposition à ces conclusions d'un illustre savant. Toutefois, ces mots, *texte de difficulté moyenne, grand philologue,* attirent notre attention et nous suggèrent une remarque. Il y a ici, il est vrai, une question grammaticale, mais dans laquelle, cependant, le dernier mot ne peut pas être à la grammaire. Les Pères anténicéens, tout en ayant le concept théologique exact du dogme défini dans le premier concile général, pouvaient bien manquer des termes précis pour l'exprimer. La philosophie n'avait pas, de leur temps, poli, achevé les notions ontologiques qui font aujourd'hui l'objet de l'enseignement de la philosophie scolastique. Elle ne parlait pas comme nous parlons. De plus, la grammaire des Pères n'était pas celle que l'on

(1) *Les témoins anténicéens du dogme de la Trinité* par M. l'abbé Duchesne. — Extrait de la *Revue des sciences ecclésiastiques,* décembre 1882.

a faite pour nous, en grec, sur les écrits d'Homère, de Sophocle, d'Euripide, de Platon, de Démosthènes; en latin, sur les ouvrages de Cicéron, d'Horace, de Salluste, de Tite-Live. Ils se servaient comme ils pouvaient de termes qui, avant le Christianisme, n'avaient jamais dit ce qu'ils avaient à leur faire exprimer. Ils se faisaient des règles de syntaxe dans lesquelles la philologie était loin d'être la première de leurs préoccupations. Ces diligentes abeilles de la tradition apostolique savaient trouver dans le champ de l'Eglise le miel de la doctrine pur et sans mélange, mais elles n'avaient pas eu le temps de construire les alvéoles destinées à le recevoir.

Nous n'avons jamais pu comprendre comment le cardinal Newman avait écrit cette phrase dans la conclusion de son *Mémoire sur les causes de l'Arianisme*: « Jusqu'à l'année 360 environ, les écrivains de l'Orient et de l'Occident, autant que nous avons leurs œuvres, professent la doctrine de la génération temporelle. Peu après cette date, S. Phœbadius et S. Ambroise en Occident, S. Basile et les deux Grégoire en Orient, inaugurent sur ce point une nouvelle littérature théologique..... »

Ce langage nous semble dur. Elevons-nous de la grammaire à la critique philosophico-théologique. Jugeons les textes par les contextes, l'expression particulière par l'idée de tout un écrit, l'idée elle-même par les circonstances où elle s'affirma, par la source d'où elle jaillit et par l'écho qui la reproduisit dans la tradition subséquente.

« Supposons que S. Justin se soit servi, en effet, d'ex-
« pressions peu exactes pour rendre le dogme de la
« Trinité. Que s'ensuivrait-t-il, en bonne logique? Il est
« évident que pour connaître la véritable pensée d'un
« auteur quelconque, il faut avoir égard à l'ensemble
« de sa doctrine plutôt qu'à un mot ou à une phrase
« isolée que le reste explique suffisamment. Il faudrait
« désespérer de pénétrer jamais le sentiment d'un écri-
« vain, si une métaphore mal choisie suffisait pour
« obscurcir des textes d'une transparence parfaite. Cette
« réflexion dont personne ne contestera la justesse, ac-
« quiert une nouvelle force, si l'on considère qu'à l'é-

« poque de S. Justin, la raison philosophique s'appli-
« quait pour la première fois à ces grands mystères de la « vie divine révélés par le Christianisme : la terminolo« gie n'était pas fixée d'une manière aussi nette, aussi « précise, qu'à partir de la controverse arienne. Ce que « les règles d'une saine critique prescrivent en pareil « cas, c'est de constater le fond de la croyance par des « passages d'une clarté irrécusable, puis d'expliquer par « eux ce qui est moins formel ou plus enveloppé. Or, « comme nous l'avons vu il nous serait impossible, même « aujourd'hui, d'enseigner plus clairement que ne le fait « saint Justin, la divinité du Verbe, sa consubstantia« lité, sa distinction d'avec le Père, sa génération éter« nelle et sa nativité temporelle. Qu'il soit possible, « après cela, de rencontrer dans ses écrits l'un ou « l'autre terme dont nous ne nous servirions plus parce « que les hérétiques en ont abusé depuis lors : peu im« porte. Cela est inévitable et résulte de l'imperfection « même du langage humain (1). »

C'est Mgr Freppel que nous venons d'entendre. Son langage est celui d'un théologien profond autant que d'un critique pénétrant. C'est à l'équité même qu'il fait appel pour instruire la cause de l'orthodoxie de l'un des plus savants apologistes du second siècle. La critique ne saurait laisser de côté des considérations aussi graves pour se retrancher derrière la syntaxe et la philologie. Textes imprécis, doctrine orthodoxe ; philosophie embarrassée, théologie ferme dans ses décisions : voilà ce que nous remarquons chez les témoins anténicéens de l'enseignement de l'Eglise sur le dogme de la Trinité.

Leur exemple nous fait voir quels importants services la raison philosophique a été appelée à rendre à la raison théologique, en élaborant lentement, patiemment ces formules exactes dans lesquelles le dogme se pose avec facilité, en façonnant ces écrins où se placent naturellement les diamants de la doctrine.

(1) Mgr Freppel, *Les apologistes chrétiens au IIe siècle*, dix-huitième Leçon.

Toutefois, c'est de loin seulement que la philosophie sert la vérité révélée. L'action de la théologie touche la substance même de la doctrine sacrée. Nous ne pouvons pas la suivre ici dans tout son travail de construction de la science de la révélation. Nous nous attacherons à la montrer à l'œuvre sur un point, l'organisme hiératique de l'Eglise, les sacrements.

Les anciens Pères n'ont pas écrit de traité des sacrements en général; ils n'ont pas groupé les signes sacrés de la grâce sous le nombre septenaire comme nous les présentent les conciles, les professions de foi, les livres liturgiques de l'Eglise et même des sectes hérétiques. Ils les considèrent en particulier, pour répondre aux attaques dont ils sont l'objet de la part des hérétiques; ils parlent du ministre du baptême et, par extension de conclusion, du ministre de tous les sacrements, contre les Donatistes; du pouvoir des clefs, contre les Montanistes et les Novatiens; de la dignité du mariage contre les Manichéens, de la matière de l'Eucharistie contre les Encratites, etc. En un mot, ils ont nommé, ils ont étudié, ils ont prêché tous les sacrements, mais en les considérant à part.

Parfois, ils ont rapproché dans leurs discours ceux des signes sacrés que les fidèles recevaient en même temps, dans la primitive Eglise, le Baptême, la Confirmation, l'Eucharistie; en certaines occasions ils y ont ajouté l'Ordre à qui il appartenait de les donner et de préparer les âmes à les recevoir. Ces quatre signes sacrés avaient d'ailleurs entre eux, aux yeux des organes de la tradition, une affinité intrinsèque, puisqu'ils donnent une grâce de consécration et de perfection, tandis que la pénitence, l'extrême-onction et le mariage formaient une trilogie de sacrements réparateurs, les deux premiers renfermant une grâce de restauration, et le dernier offrant à la nature humaine inclinée vers les jouissances sensibles, un secours, un remède.

Les Pères aimaient à se mettre à ce point de vue dans leurs discours et leurs catéchèses. Il leur suggérait des aperçus féconds, des instructions touchantes et éloquentes.

De plus, ils vivaient sous la discipline du secret, de

l'*arcanum*. Ils parlaient avec une extrême prudence en face des païens toujours prêts à violer le sanctuaire, avides de jeter un regard profane sur les trésors contenus dans l'arche sainte. Si la réserve la plus absolue leur était nécessaire quand ils exposaient la doctrine, elle s'imposait bien plus impérieusement quand il s'agissait des divines initiations. Les initiés comprennent, *norunt initiati*, ils employaient souvent cette expression.

Ces considérations suffisent-elles à expliquer le silence de la tradition primitive à l'égard du nombre septenaire des rites sacrés? De graves théologiens ne le croient pas; et pour donner l'explication de ce fait, ils émettent une idée qui de prime abord peut surprendre et paraître audacieuse, mais où un examen plus attentif reconnaît bien une donnée historico-théologique très sûre et très précieuse pour l'histoire du dogme religieux.

Comme nous l'avons dit plus haut, les Pères ont parlé de tous les sacrements, depuis le baptême jusqu'au mariage; dans tous, ils ont vu des signes sacrés d'institution divine, essentiels à l'Eglise et durables comme elle; dans tous ils ont vu la grâce vivifiante prenant différentes formes pour sanctifier tous les états dont se compose la vie humaine. Mais cela suffisait-il pour leur donner la pensée de les ranger sur une même ligne comme des entités surnaturelles de même nature? Est-ce la similitude qui frappe d'abord, quand on met le baptême en regard de l'ordre, le mariage en regard de l'eucharistie? N'est-ce pas plutôt la divergence? Avant de les grouper, de les additionner, il fallait, sous les différences, découvrir des propriétés similaires; il fallait analyser chaque unité sacrée, en éliminer par l'abstraction les caractères particuliers, reconstruire par la synthèse des éléments communs, l'espèce, le genre, de manière à former une catégorie supérieure comprenant tous les rites qui sont causes instrumentales de la grâce. Un travail de cette nature ne fut pas entrepris d'abord: il n'était nullement nécessaire, et les Pères faisaient œuvre plus utile en répondant aux hérétiques et en instruisant les fidèles de la substance de la foi. Mais la science sacrée marchant sur leurs traces, a saisi dans leurs enseignements ces grandes lignes scientifiques par où elle s'est élevée aux concepts universels dont l'exposé forme la doctrine des sacrements en général. Il y a eu sur ce point un progrès, un splendide développement de la doctrine.

La théologie ne s'est pas arrêtée là. Elle a repris chaque sacrement en particulier; elle l'a rapproché des actes de la vie naturelle et des institutions sociales auxquels il correspond. Elle a vu par exemple que la pénitence suivait la nature des jugements; et elle a tiré de cette considération de larges enseignements sur la nécessité de la juridiction pour le confesseur, sur les modifications des attributions du juge, sur la manière d'instruire la cause, sur les conditions dans lesquelles peut ou doit être porté le jugement. C'est la trame du traité de la pénitence.

Elle a vu que le mariage suit la nature des contrats. C'est de cette idée qu'est né le traité du mariage, dont la substance, le nœud est le consentement des parties.

Elle a poursuivi le pain de l'Eucharistie de ses investigations jusque là où il s'en va par l'ordre du Verbe consécrateur; elle a demandé à Celui qui dit : « Le pain que je donnerai, c'est ma chair, » ce qu'il est quand il se fait la nourriture des âmes, quand il s'offre comme le vrai agneau pascal.

Les quelques paroles de l'Ecriture sur le baptême qui ouvre la vie surnaturelle, sur la confirmation qui la corrobore, sur l'extrême-onction qui la console et la purifie à son déclin, sur l'ordre qui consacre les ministres de l'autel, sont devenus des traités.

L'action directe de Dieu dans l'institution du signe hiératique, la part de l'Eglise pour déterminer les détails des conditions dans lesquelles ce qui est d'institution divine sera administré aux fidèles, ce qui étant essentiel fut dès l'origine et est demeuré immuable ; ce qui n'étant qu'accidentel survint avec le temps et a pu changer au cours des siècles, toutes ces choses ont été soigneusement déterminées par la théologie sacramentaire.

On dit : il y a une histoire des sacrements. Oui certes, cette histoire existe ; elle a été publiée déjà plusieurs fois, dans le cadre que nous venons d'indiquer. Mais il reste beaucoup à faire pour mettre en œuvre tous les documents qui sont de nature à éclairer ses pages d'un si haut intérêt.

A vrai dire, il y a une histoire de chaque vérité religieuse. Le théologien l'a entourée de ses connaissances en philosophie, en histoire, en patrologie, en écriture sacrée. Il l'a regardée avec amour, il l'a ornée, il lui a préparé un char de triomphe où il l'a assise. Il lui a formé une société, un cortège de dogmes épars dans la révélation, qui avaient une parenté avec elle ; il lui a assigné son rang ; il l'a placée ensuite sous le regard de la raison pour que celle-ci lui offrît un tribut d'hommages. Et il lui a dit : Ne crains rien ; si l'on venait t'attaquer, je saurais te défendre.

L'organisation scientifique de la doctrine, les péripéties de l'attaque et de la défense des vérités dogmatiques, morales, mystiques, voilà le fond de l'histoire de la théologie. Cette histoire, pas plus que celle des nations et de l'Eglise, n'est jamais achevée. Chaque siècle y ajoute un livre qui reflète ses préoccupations, ses tendances, ses besoins, ses aspirations. Le nôtre, après avoir provoqué une large diffusion de lumière dans la sphère du dogme, s'est, nous l'avons dit, rejeté en approchant de son déclin, vers la morale. Il a interrogé la loi ; il l'a vivement pressée de dire ce qu'elle peut faire pour élever la vie de l'homme, pour adoucir ses épreuves, pour améliorer son sort dans l'état actuel du monde transformé par les découvertes du génie toujours en éveil. La loi a donné des réponses partielles, privées, par la bouche de savants et d'observateurs d'une autorité incontestée. Elle a donné une réponse générale, authentique, par l'Encyclique *de conditione opificum*, où l'on entend parler toute la tradition chrétienne sur le rôle bienfaisant de la religion dans l'ordre temporel, sur les devoirs et les droits de l'homme social. Cette partie du domaine de la vérité religieuse n'avait pas encore été explorée à cette profondeur.

En même temps il s'est produit dans le monde moderne un retour d'attention du côté de la Mystique. Les maîtres de cette science n'ont plus été traités avec le dédain qu'affectait pour eux le XVIIIe siècle et la partie du XIXe qui copia ses préjugés. Ceux-là même qui ont étudié dans un esprit de curiosité vaine et d'hostilité des écrits qu'ils ne comprenaient pas, leur ont rendu un hommage involontaire. Ils y ont vu le beau de la pensée, du sentiment, du style. Et ceux qui les entendent et les aiment, ces écrits admirables, non contents d'en entreprendre la défense, y ont ajouté des pages nouvelles.

Dans une autre région, la physiologie et la psychologie, en multipliant les observations, ont accumulé des faits d'un grand intérêt. Faits dans lesquels, incrédules, matérialistes, occultistes ont cherché des objections contre la religion. La philosophie catholique va les étudier, en éliminer les larves de la supercherie et du charlatanisme, les classer, les amener à l'état de science, et la théologie s'apprête à leur assigner la place qui leur convient, dans son enseignement.

Il y a des initiatives dans ce sens (1). Nous aimons à y voir le commencement d'un mouvement scientifique qui aboutira à des conclusions fermes sans lesquelles il est à craindre que beaucoup d'intelligences ne suivent ceux qui les appellent pour les égarer.

Si les connaissances humaines fournissent un appoint à la théologie, cette science supérieure, à son tour, montre à l'esprit humain des routes dont il ne soupçonnait pas l'existence, pour parvenir au but où il tend.

Mais ce ne sera pas l'homme isolé qui pourra amener toutes les sciences à se donner la main. Pour que cette idée se réalise dans les temps modernes comme elle le fit jadis, il faut que nous relevions d'antiques institutions que nous avons laissé périr.

Les universités furent l'honneur et la force du moyen âge. Elles étaient le centre, elles formaient l'union de tous les esprits éclairés, elles étaient un perpé-

(1) *L'hypnotisme franc*, par le R. P. Marie Thomas Coconnier. *L'hypnotisme, ses phénomènes et ses dangers* par l'abbé A. Touroude.

tuel moyen de communication pour la pensée savante. De leur sein partaient toutes les inspirations de la science; toutes les conquêtes de l'esprit humain revenaient vers elles.

Écoutons un auteur dont le nom s'est déjà présenté bien des fois à nous dans cette étude.

« Les anciennes académies n'avaient leur titre de légitimité que par l'autorité du siège apostolique. Munies du diplôme pontifical de leur érection, placées sous la continuelle vigilance du saint-siège, tous leurs droits, tous leurs privilèges, toute leur autorité pour enseigner leur venaient de l'Eglise. Sous cette direction, tous les collèges de docteurs n'avaient qu'un même but : l'exposition, l'explication fidèle, la défense de la doctrine et de la discipline religieuse. Si quelques docteurs semblaient pencher vers des opinions dangereuses, aussitôt ils étaient avertis et ramenés de leurs écarts, soit par les académies elles-mêmes qui, en vertu d'une autorité sous-déléguée, proscrivaient les propositions défectueuses en les marquant de la censure doctrinale, soit par l'autorité propre des évêques, ou enfin par l'autorité décisive du Pontife suprême. — Ces universités étaient comme des mères au sein fécond d'où sortaient en grande partie les évêques et les principaux personnages du clergé, qui trouvaient dans la science puisée à l'école une ressource pour l'intelligence de la doctrine et des lois par lesquelles ils gouvernaient le peuple chrétien. Les évêques, et en particulier, et réunis conciliairement, les papes eux-mêmes, quand ils avaient à expliquer et à définir la doctrine, s'entouraient des lumières des docteurs de l'école dont la doctrine devenait comme une préparation des définitions authentiques (1). »

Voilà donc ce que nous voyons dans les universités catholiques : une pleine initiative laissée au génie personnel, des ressources multipliées par la société, par la communauté d'études, une garantie certaine contre les illusions de l'esprit propre, une grande facilité d'entrer en rapport avec les plus nobles intelligences du

(1) Franzelin, *De Trad.* Th. XVII.

monde chrétien. Ne sont-ce pas là tous les éléments du progrès scientifique?

Dira-t-on que les universités avaient abandonné les grandes lignes de la science pour disputer sur des fantômes inutiles? « Que l'on fasse ce reproche, dit un académicien incroyant, à l'école de Guillaume de Champeaux et d'Abailard, ou de ceux qui reprirent leurs traces; il ne saurait tomber sur Thomas d'Aquin et ses disciples. »

Ce fut pour une bonne part, sans doute, l'influence de ces grandes écoles qui fit pénétrer si avant dans la société des laïques lettrés la connaissance des vérités chrétiennes, qui fit de la vérité révélée l'amie de la raison, et de l'homme du monde l'ami du théologien et du prêtre.

Reverrons-nous ces beaux jours? Qui pourrait nous empêcher de l'espérer? N'y a-t-il pas déjà un espoir dans la résurrection des universités sur la terre de France. On reproche aujourd'hui à la théologie de méconnaître son rôle, de parler du passé plutôt que du présent, de combattre des ennemis qui ne sont plus et d'oublier celui qui assiège la cité chrétienne, de ne point placer l'axe de la science divine au niveau où il pourrait rencontrer l'axe de la science humaine, entrer en jonction avec lui et le soulever de nouveau vers le ciel. Ce qu'il y a de vrai ou de faux dans ce reproche, ce n'est pas à nous qu'il convient de l'apprécier. Mais nous pouvons bien exprimer l'espoir que les universités, par leur forte union et par leur indissoluble attachement au centre de toute science religieuse, redeviendront chez nous ce qu'elles furent autrefois, le flambeau du monde intellectuel.

Nous le savons, ce n'est pas seulement dans les académies et chez les docteurs que se trouve la science sacrée. Cette science se fait toute à tous comme l'Apôtre et comme Dieu lui-même. Elle ne dédaigne pas l'homme du peuple. Le peuple chrétien ne s'attache pas uniquement aux vérités de foi catholique; il a ses pieuses croyances qui lui sont chères, et parfois il conçoit le désir de les voir s'élever jusqu'à la hauteur des dogmes. Cela s'est vu dans la question de l'immaculée Conception. Depuis des siècles les fidèles appelaient la définition de cette vérité : leur piété avide d'entendre célébrer le privilège de la Mère de Dieu excitait les prédicateurs à prêcher sur un si beau sujet, les théologiens à le discuter, et les pasteurs à le considérer avec un redoublement de sollicitude.

Les communications spéciales de Dieu aux âmes privilégiées, les paroles des saints, les révélations particulières, exercent aussi une action énergique sur la marche de la doctrine religieuse. L'expansion de la dévotion au Sacré Cœur, par exemple, en attirant l'attention des théologiens, des prélats et du Saint-Siège sur ce côté du dogme de l'Incarnation, nous a valu des enseignements nouveaux sur le mystère du Verbe fait chair et sur son amour pour les hommes.

Si grande que soit la part de la théologie dans le développement de la doctrine religieuse, elle n'est pourtant pas la cause suprême du progrès. Tant qu'un point de doctrine religieuse reste dans les limites d'une démonstration et d'une certitude rationnelles, il n'a pas achevé l'évolution dont il peut être susceptible. Jusque là, c'est l'homme qui nous le fait connaître, et les démonstrations de l'homme n'atteignent pas le suprême degré de la certitude; souvent même, elles ne s'élèvent pas au-dessus du niveau de la probabilité et de l'opinion.

Ce n'est pas aux théologiens que le Maître a dit : « Au nom de la toute-puissance qui m'a été donnée au ciel et sur la terre, allez, instruisez les nations. Je suis avec vous jusqu'à la fin des siècles. Je prie le Père de vous envoyer l'Esprit Paraclet afin qu'il demeure avec vous à jamais. Il est l'esprit de vérité que le monde ne reçoit point; mais vous, vous le connaîtrez, parce qu'il demeurera avec vous, parce qu'il sera en vous. Vous parlerez donc au nom de la vérité divine, et qui vous écoute m'écoute, qui vous méprise me méprise. »

Le dépôt de la vérité religieuse a été confié aux Apôtres, et dans leur personne, à leurs successeurs. Il y a par conséquent dans l'Eglise un enseignement suprême duquel relève tout autre enseignement. Il y a dans l'Eglise une parole vivante et divine au service de la vérité. Ceux qui la possèdent ne parlent point en leur nom et avec leurs seules lumières. Ils parlent au nom du Fils de Dieu, dans la lumière infaillible et éternelle du Verbe et de l'Esprit-Saint. A eux de nous dire les vérités contenues dans la révélation, de nous dire le sens de l'Ecriture, de la parole morte, puisqu'ils sont la parole vivante; à eux de nous faire connaître en temps opportun les vérités chrétiennes qui ne seraient pas contenues dans les livres inspirés, car ils sont les livres vivants, Βιβλια και νομοι γενομενοι δια της χαριτος ἐμψυχοι (1). A eux de regarder la plénitude de la vérité révélée, sans en sacrifier un iota; à eux de choisir, dans toute science et toute interprétation humaine de la doctrine, ce qui est conforme au sens divin, de repousser tout ce qui s'en éloigne; à eux d'achever le progrès de la doctrine, de l'assurer, de l'élever jusqu'à la hauteur de la pensée divine.

Ceux qui ont recueilli la succession apostolique, le pape et les évêques, sont les « pasteurs et les docteurs donnés par Dieu à son Eglise, afin qu'ils travaillent à l'édification du corps mystique de Jésus-Christ, jusqu'à ce que nous parvenions tous à l'unité d'une même foi et d'une même connaissance du Fils de Dieu, à l'état d'homme parfait, à la mesure de l'âge, à la pleine vigueur que la vie du Christ doit atteindre en nous (2). »

Nous disons : le pape et les évêques. C'est qu'en effet, ce sont les premiers pasteurs des âmes qui forment l'organe de la Tradition divine. Ce sont eux qui, avec le ministère épiscopal, ont recueilli la succession des Apôtres avec le devoir et la grâce d'enseigner. En dehors d'eux, les écrivains ecclésiastiques les plus anciens, les plus savants, les plus saints, sont des témoins de la vérité, des témoins irrécusables, de l'enseignement de l'Eglise, mais ils n'en sont pas les hérauts, les missionnaires divinement envoyés avec une autorité qui commande l'obéissance. Origène possède une immense érudition, Tertullien est doué d'une merveilleuse

(1) Chrys. *Sup. Matth.* h. 1. n. 1.
(2) *Ephes.* IV. 11-16.

éloquence, saint Justin est profond philosophe ; mais ils ne sont pas l'Église enseignante ; ils n'occupent pas dans la hiérarchie ce degré supérieur où l'Esprit de Dieu choisit ceux à qui il redit : « Allez, instruisez les nations. Je serai avec vous toujours, jusqu'à la fin des siècles. » Le corps épiscopal avec le Pape son chef est le dépositaire de la vérité révélée. Et c'est cette vérité elle-même qui le renouvelle, l'entretient, le garde dans une éternelle jeunesse et se rajeunissant toujours elle-même dans cet organe divin, au cours des siècles.

Nous savons donc maintenant où est le foyer de la lumière, de la vérité, de la vie dans l'Eglise, nous connaissons la cause inspiratrice du progrès, la suprême influence qui le détermine. Il nous reste à en chercher la règle.

IV.

RÈGLE QUE DOIT SUIVRE LE PROGRÈS DE LA DOCTRINE RELIGIEUSE.

L'organe vivant de la vérité que nous avons désigné comme la cause suprême du progrès de la doctrine religieuse est aussi la règle de ce progrès. Ceux qui ont reçu la vérité avec mission de la propager ont aussi le devoir et la charge de la garder, de la conserver intacte et pure de tout alliage. « Devant Dieu, source de toute vie, et devant Jésus-Christ qui sous Ponce-Pilate a rendu fidèle témoignage à la vérité, je vous fais un précepte : c'est que vous gardiez la loi évangélique (*mandatum*) sans tache et sans reproche jusqu'à l'avènement du Seigneur (1). »

Ces paroles de l'Apôtre à son disciple ne sont-elles pas les instructions du Sauveur lui-même à ceux dont il voulait faire les colonnes de son Eglise ? En leur promettant son infaillible assistance pour enseigner sa doctrine, ne leur donnait-il pas aussi pleine autorité

(1) *I Tim.* VI, 13, 14.

pour la protéger contre les attaques, contre les fausses interprétations ? N'imposait-il pas à la pensée humaine l'obligation de s'orienter sur la pensée des Apôtres ? Ne défendait-il pas à toute science de s'élever contre la science divine des pasteurs de l'Eglise ? Ne prescrivait-il pas à toute doctrine qui se donnerait comme une explication et un progrès de la doctrine révélée, l'obligation de rester dans l'orbite tracée par la succession apostolique ? Oui évidemment, et ce devoir de soumission fut toujours affirmé et reconnu dans l'Eglise.

Pour le prouver, qu'avons-nous besoin de citer des textes qui sont dans toutes les mémoires ? « L'enseignement que je vous donne avant tout, c'est de rester unis dans la doctrine de Dieu. Jésus qui est à jamais notre vie est la doctrine vivante du Père, et aussi les évêques établis sur tous les confins de la terre expriment la doctrine de Jésus-Christ. Il est donc de toute nécessité que vous soyez unis dans la doctrine de l'évêque. Et vous devez le considérer comme le Seigneur lui-même (1). »

« Il y a des doctrines fausses nées de la vanité. Laissons-les et ne perdons pas de vue l'enseignement qui nous fut donné dès le commencement de l'Eglise (2). »

« La tradition des Apôtres nous apparaît d'une manière éclatante dans le monde entier. C'est sur ce point que, de toutes les Eglises, doivent fixer les yeux ceux qui veulent contempler la vérité. Montrons donc la succession légitime des Apôtres dans les évêques qui furent préposés par eux au gouvernement des Eglises. » C'est la parole de saint Irénée. Et il ajoutait :

« La vraie doctrine est là, dans la succession des évêques. Là est fidèlement gardé le dépôt des Ecritures ; l'explication pleine, sans additions, sans retranchements, de la doctrine révélée ; l'exposé légitime de la vérité (3). »

« Il ne nous est pas loisible, dit Tertullien, de mêler à la vérité révélée nos idées personnelles ; il ne nous

(1) S. IGNAT. *Ep. ad Ephes.* N° 3.
(2) S. POLYCARP. *Ep. ad Philip.* N° 7.
(3) Ir. L. IV. C. 33. N 8.

est pas loisible non plus d'accepter ce que les autres y auraient ajouté de leur propre fond. Nous sommes disciples des Apôtres qui n'ont rien dit d'eux-mêmes, mais ont fidèlement transmis aux nations la doctrine qu'ils avaient reçue de leur Maître (1). »

« Il est des hommes qui croient penser selon Jésus-Christ, et qui nous proposent des doctrines inconnues avant eux. Gardons l'enseignement apostolique conservé parmi nous jusqu'à présent par la légitime succession des pasteurs. Il n'y a pas d'autre vérité bonne pour la foi que celle qui est conforme à l'enseignement ecclésiastique et traditionnel (2). »

Et pour qu'il nous fût plus facile de trouver cette doctrine infaillible divinement répandue dans tout le corps des pasteurs de l'Eglise, il a plu à la Sagesse divine de la concentrer en une seule pensée, reine et inspiratrice de la pensée catholique.

« Il est une grande et antique Eglise connue de tous, fondée par les deux illustres Apôtres Pierre et Paul à Rome. Pour connaître la vérité religieuse, il suffit de considérer la doctrine traditionnelle de l'Eglise romaine, parce que vers cette Eglise, à cause de sa suprême autorité, doivent converger toutes les Eglises ; tous les fidèles doivent avoir les yeux attachés sur elle ; c'est par elle, en effet, que la catholicité a conservé la tradition doctrinale qu'elle avait reçue des Apôtres (3). »

A quoi bon multiplier les citations ? Nous pourrions trouver cette doctrine dans les ouvrages des Pères et des écrivains ecclésiastiques de tous les siècles. Si nous avons choisi ces témoignages de l'antiquité la plus reculée, c'est afin de montrer avec plus d'évidence l'origine apostolique de la pensée que nous exposons.

Les documents que nous venons de citer sont la réfutation historique et péremptoire de ces écrivains plus ou moins protestants, plus ou moins rationalistes ou incrédules, qui osent affirmer dans leurs livres qu'aux premiers siècles de l'Eglise la société chrétienne ne

(1) *De Præscr.* C. VI.
(2) Orig. *de Princip.*, præf. 2.
(3) Iren. L. IV. C. 21. N° 3.

connaissait pas l'autorité doctrinale. Non, dans l'ordre religieux catholique, jamais l'intelligence privée ne fut laissée à elle-même pour l'interprétation de la doctrine religieuse. Toujours le dépôt sacré de la vérité fut confié aux papes et aux évêques. A eux il appartenait et il appartient de fixer le sens de la parole divine, qu'elle soit connue seulement par la tradition, ou qu'elle soit écrite en des livres inspirés. Ceux qui ont reçu la promesse de l'assistance divine pour leur enseignement, peuvent seuls prononcer en dernier ressort sur le sens de la parole de l'Esprit inspirateur. Il y a donc dans la tradition autre chose que des documents historiques qui nous permettraient de reconnaître ce que l'Eglise pensait et enseignait à une époque ou aux différentes époques de son histoire.

La tradition est une autorité dogmatique infaillible, l'organe vivant du Christ docteur du monde; et ses enseignements sont la loi suprême de toute pensée qui veut suivre la voie du progrès tracée à l'intelligence par l'auteur même de la révélation.

Si l'autorité qui résume toute la tradition a parlé et déterminé le sens de la foi par la bouche de Pierre, il n'est pas permis d'aller contre sa parole. *Ad hanc Ecclesiam, propter potentiorem principalitatem, necesse est omnem convenire Ecclesiam, hoc est qui sunt undique fideles.* Depuis le concile du Vatican, il n'est pas possible de se méprendre sur le sens et la portée de cette *potentior principalitas.* C'est un dogme de foi que lorsqu'il agit en qualité de chef suprême de la chrétienté, pour proposer à la foi de l'Eglise universelle un point de dogme ou de morale, le Pontife romain est personnellement revêtu de cette infaillibilité dont le divin Rédempteur a gratifié son Eglise, et ses définitions sont irréformables d'elles-mêmes et non point à cause de l'assentiment de l'Eglise (1).

Si les pasteurs de l'Eglise unis à leur chef ont formulé leur pensée dans une définition conciliaire, cette décision devient également la limite, le rempart, que

(1) Concil. Vatic. Const. I *de Eccl. Christi.* C. 4.

la raison individuelle ne peut pas tenter d'ébranler ou de franchir.

Ce n'est pas seulement lorsqu'ils sont réunis en concile que les Pères sont revêtus de cette suprématie intellectuelle. L'auteur de leur prérogative est également avec eux lorsqu'ils sont dispersés dans leurs Eglises particulières. Et lorsque tous, moralement parlant, s'unissent dans une même interprétation du dogme de la foi ou de la règle des mœurs, nous sommes en présence d'une pensée infaillible. *Traditionem itaque Apostolorum in toto mundo manifestatam adest respicere omnibus qui vera velint videre* (1).

Les Pères parlent-ils comme docteurs privés, en dehors de l'enseignement unanime de tous les pasteurs, ils ne sont pas infaillibles et nous ne sommes pas obligés de soumettre notre pensée à leur enseignement. Et toutefois, leur autorité est souverainement vénérable, et il ne nous est encore point permis d'en faire peu de cas ou d'en parler avec légèreté. Songeons que ces hommes qui sont appelés Pères de l'Eglise ont largement contribué au progrès de la doctrine religieuse ; que la pureté de leur foi et la sainteté de leur vie furent au-dessus de tout éloge ; qu'ils vécurent plus près que nous de la prédication évangélique et que quelques-uns purent la recueillir comme un écho à peine affaibli de la voix du Maître. Songeons enfin que leur vie et leurs écrits ont reçu l'approbation de l'Eglise, et nous n'aurons pas de peine à comprendre que même leur doctrine personnelle mérite tous nos respects.

Mais ne devons-nous donc regarder qu'aux définitions du Pape et des conciles ou à l'enseignement de la Tradition ?

L'autorité à laquelle a été confiée la garde du dépôt de la doctrine révélée ne peut-elle pas, dans le but de pourvoir à la sécurité de la doctrine chrétienne, imposer aux fidèles l'obligation de suivre ou de rejeter une doctrine théologique ou liée avec les vérités théologiques ? Elle le peut assurément. Celui qui a mission de conduire et de guider les intelligences dans la foi,

(1) S. IREN. l. c.

est conséquemment en droit de les avertir des écueils et de les forcer à s'en éloigner quand il le juge à propos. En ce cas, il ne prononcera pas toujours que la doctrine indiquée comme la voie sûre vers la vérité est elle-même une vérité de foi, que la doctrine signalée comme un danger est une erreur; mais il nous montrera *avec une infaillible sécurité* le parti que nous devons prendre *pro rerum et temporum adjunctis*. Ce sont les expressions de Franzelin (1).

L'éminent théologien donnerait à cet acte le nom d'autorité de providence universelle, ou de providence doctrinale sur l'Eglise.

Il cite à l'appui de ce qu'il avance une lettre de Pie IX écrite à l'archevêque de Munich, à la date du 21 décembre 1863, au sujet d'une réunion savante qui avait eu lieu dans cette ville, et dont les membres avaient déclaré que les écrivains catholiques devaient, dans leurs doctes études, se soumettre aux décrets dogmatiques de l'infaillible Eglise catholique. Voici quelques passages de ce document.

« Nous voulons croire que l'on n'a pas prétendu restreindre le devoir de soumission des docteurs ou des écrivains catholiques aux infaillibles jugements de l'Eglise proposant à tous les fidèles les dogmes de foi. Nous voulons le croire aussi, on n'a pas entendu affirmer que la parfaite adhésion de l'intelligence aux vérités révélées, avait lieu seulement dans le cas où l'on faisait un acte de foi et de soumission en présence d'un dogme expressément défini par l'Eglise. Alors même qu'il s'agirait de cette soumission qui est un acte de foi divine, on ne devrait pas la limiter aux choses définies par les décrets formels des conciles œcuméniques, des Pontifes romains et du siège apostolique. Elle devrait s'étendre encore aux vérités qui nous sont proposées comme révélées par le magistère ordinaire de l'Eglise dispersée sur toute la terre, et qui dès lors sont universellement et constamment regardées par les théologiens catholiques comme appartenant à la foi.

« Mais puisqu'il s'agit de la soumission qui est un

(1) *De Trad.* p. 127. Edit. 1875.

devoir pour tous les catholiques adonnés à l'étude des sciences *(qui in contemplatrices scientias incumbunt)* dans le but de servir l'Eglise par leurs écrits, les membres de la société littéraire doivent reconnaître une chose : c'est que pour garder la sagesse de l'esprit catholique, ce n'est pas assez de recevoir et de vénérer les dogmes définis ; ils doivent encore se soumettre aux décisions touchant la doctrine religieuse qui émanent des Congrégations pontificales, et recevoir ces points de doctrine que, d'un commun et constant accord, les théologiens catholiques regardent comme des vérités théologiques comme des conclusions d'une si haute certitude, que les opinions qui oseraient s'élever à l'encontre, sans être hérétiques, mériteraient pourtant une censure théologique. »

Nous n'ajouterons aucun commentaire à ce texte : il est clair, et la source d'où il vient nous dispense de raisonner pour discuter les assertions qu'il renferme.

Des principes que nous avons rappelés, devra-t-on conclure que les savants catholiques, exégètes, historiens, orateurs philosophes, théologiens, sont condamnés à se dépouiller de toute originalité, de toute personnalité de la pensée ? Non. Rien n'est plus éloigné des vues de l'Eglise qui veut à son service de généreuses imitations et non des routines serviles. Tout n'est pas faux dans les idées de ces modernes qui invitent les âmes à ne pas rester inertes dans le convenu, dans le formalisme ; à écouter avec attention le maître intérieur et à le suivre avec humilité, docilité et courage. Quelque forme étrange que prenne cette idée quand elle nous arrive d'au delà les mers, elle n'est pas nouvelle. Il y a longtemps que le P. Gratry écrivait :

« Si vous êtes en silence, si vous êtes éveillé, ému...,
« les harmonies et les mélodies intérieures, quoique
« vous ne sachiez pas peut-être encore bien les entendre,
« sont en vous, et à ces harmonies répondent certains
« spectacles, certaines faces des idées éternelles, cer-
« taines inspirations particulières et actuelles de Dieu...
« Vous allez vous trouver, de fait, en face de ce qu'an-
« nonce l'Evangile, le Verbe fait chair. C'est pourquoi
« l'Evangile ne dit pas : Vous n'avez tous qu'un maître

« qui est Dieu ; il dit d'une manière plus précise : Vous « n'avez tous qu'un maître qui est le Christ.... Il est « celui de qui vous viennent, si vous êtes vraiment son « disciple, les plus particulières, les plus actuelles, les « plus précises inspirations (1). »

La pensée que le savant oratorien exprimait de cette manière, nous la trouvons dans l'Imitation : « Heureux celui que la vérité instruit par elle-même, non par symboles et termes flottants, mais par ce qu'elle est..., Mieux l'esprit se réunit, plus il se simplifie intérieurement, plus il a de facilités pour étendre et élever ses conceptions, parce qu'il reçoit d'en haut les clartés intellectuelles (2). »

« La Sagesse, la Sagesse elle-même, s'écriait saint Augustin transporté de joie, a fait briller sa lumière dans mes ténèbres. Quiconque le peut, qu'il t'écoute parler, ô Sagesse (3). »

Mais ce que le maître intérieur nous ordonne d'écouter avant tout, c'est l'autorité du maître extérieur qui prêche la foi : *fides ex auditu*. Ce que le maître intérieur explique et commente aux âmes dociles, c'est la vérité proposée à notre croyance par l'Eglise. Plus la parole de la grâce inspiratrice est puissante, plus l'esprit doit être attentif à la parole de l'organe de la Tradition ; plus l'impulsion intérieure est énergique, pressante, plus il y a lieu de se tenir ferme sous la direction de la règle extérieure de la foi. Ainsi faisaient ces confidents de Dieu que nous appelons les Mystiques. Ames aussi humbles qu'ardentes, aux heures où l'inspiration les poussait aux initiatives les plus hardies, ils se courbaient plus profondément sous le joug de l'obéissance.

Ainsi doit faire la science chrétienne ; plus la lumière lui arrive abondante, plus elle doit fixer attentivement ses regards sur la règle de la doctrine.

Est-ce illusion de notre part ? Il nous semble que de nos jours on a trop donné à la pensée individuelle, au

(1) *Les sources.* II, *l'idée inspiratrice.*
(2) *Imit.* L. I. c. 3.
(3) *Confes.* L. XI. c. 9.

détriment du sens traditionnel. Les intelligences s'adonnent avec une préoccupation excessive à l'érudition dogmatique, à la recherche du document historique. Il y a un demi siècle, c'était sur la vérité centrale, règle des croyances et des actions, que se portaient les investigations de la critique historique et de la théologie. Lorsque cette vérité eut été mise en pleine lumière par le concile du Vatican, on se rejeta vers les faits particuliers et les vérités de détail. Jamais les sources n'avaient encore été sondées à cette profondeur, jamais les documents n'avaient été réunis avec une pareille abondance autour de chaque question ; jamais les textes n'avaient été passés au tamis avec autant de soin et de scrupule. Nous l'espérons, ce mouvement aura pour résultat heureux d'achever de débarrasser l'arbre de la science religieuse des tiges parasites qui en affaibliraient la vitalité. Mais n'a-t-on point, parfois, dans cette exploration, perdu de vue momentanément la tradition ? Le document particulier n'a-t-il jamais eu un effet prismatique qui empêchait l'œil de le voir à sa place sous le principe général ? La critique n'a-t-elle pas été quelque peu hardie à l'égard de la théologie ? N'a-t-on pas appelé le décri sur les théologiens *qui ne sont que théologiens*. Sans doute, la théologie ne peut avoir toute sa vigueur, tout son intérêt, toute sa puissance de persuasion, sans l'histoire. Mais est-ce que les théologiens les plus renommés de notre siècle, Perrone, Franzelin, Palmieri, Ballerini, Mazzella, ont été des sommistes disposés à se contenter d'un argument de prescription traversant hardiment les âges en quelques enjambées, sans égard pour les textes et les documents ? Non. Ce procédé leur est inconnu. Ils ne sont pas *que théologiens*.

Que l'érudition de détail et la science des principes, que la critique et le raisonnement, que l'histoire et la théologie se donnent la main. C'est à cette condition qu'elles pourront disposer de toutes leurs ressources pour le triomphe de l'Evangile. Mais que la théologie demeure une reine vénérée sur le trône où les plus beaux siècles de l'Eglise l'ont placée.

Nous avons montré dans toute son étendue la règle

de la pensée chrétienne ; nous savons où sont les guides de l'évolution doctrinale dans l'Eglise. Le chrétien qui cherche l'intelligence des dogmes objets de sa foi n'est pas abandonné à ses faillibles lumières ; un phare brille dans le lointain à ses yeux, et en le regardant, il est sûr de marcher dans la direction de la vérité.

Cependant, il reste deux difficultés à éclaircir. Comment pouvons-nous connaître la règle de la pensée catholique ? Dans quelle mesure la science humaine doit-elle s'y soumettre ?

Y a-t-il quelque difficulté pour reconnaître une définition conciliaire ou une décision *ex cathedra* du Pontife romain ? Est-il malaisé de voir la portée d'une décision des Congrégations romaines ou un point d'enseignement commun parmi les théologiens ? Nous ne croyons pas devoir examiner cette partie de la question. Notre intention est plutôt de parler de la manière de reconnaître l'enseignement constant et unanime des Pères, en dehors des conciles.

Il y a plusieurs moyens pour parvenir à ce résultat. On peut l'obtenir par une démonstration directe, en réunissant autour d'un point de doctrine les témoignages des Pères des différents âges et des différentes Eglises. En renouant ainsi des anneaux épars, on forme la chaîne complète qui se rattache aux Apôtres et à Notre-Seigneur Jésus-Christ.

Il n'est pas même nécessaire, pour que la preuve soit décisive, de rechercher les témoignages de tous les siècles. Si l'on arrive à montrer avec une pleine certitude qu'à une époque donnée de la vie de l'Eglise, un point de doctrine était universellement enseigné comme une vérite de foi par les évêques unis au pasteur suprême, nous sommes assurés d'être en présence de la vérité divine. L'enseignement doctrinal dans l'Eglise étant appuyé sur l'Esprit de Dieu ne saurait jamais se contredire, et dès qu'il s'est prononcé, il ne changera plus.

Dans les cas où la preuve directe du *consensus* universel est très difficile ou tout à fait impossible à faire, on peut recourir à la démonstration indirecte. Eu égard aux conditions dans lesquelles une question fut posée, à la situation de ceux qui la traitèrent, à la nature de la cause, parfois le témoignage de quelques Pères, parfois le témoignage d'un seul, suffira à nous faire connaître la pensée de toute l'Eglise. Il se présente tel concours de circonstances dans la discussion ou l'exposé d'une doctrine, que visiblement le champion qui se met en avant nous apparaît comme le représentant de toute l'Eglise, le vengeur de sa cause et de ses droits. Citons seulement l'exemple de saint Augustin dans la défense du dogme de la grâce contre les pélagiens.

Lui-même nous a montré les raisons sur lesquelles nous pouvons nous appuyer quelquefois pour affirmer que l'enseignement d'un seul Père est la foi de toute l'Eglise. En parlant de saint Grégoire de Nazianze, il s'exprime ainsi : « C'est un personnage si grand dans l'Eglise qu'il ne parlerait pas ainsi, s'il n'était l'interprète de la foi de l'univers entier, et les fidèles ne lui porteraient pas tant d'honneur et de vénération s'ils ne reconnaissaient sa doctrine conforme à la règle de la vérité (1). » Et au sujet de saint Jean Chrysostome : « Loin de nous cette idée que vous ayez eu une doctrine étrangère à la foi et que vous ayez tenu un rang si élevé dans l'Eglise (2). »

Ce ne sont pas seulement les écrits des Pères qui peuvent nous faire connaître l'enseignement qu'ils donnaient à la foi des fidèles. Ce sont aussi les monuments religieux de l'antiquité : sculpture, peinture, architecture, vases sacrés, sarcophages, ornements destinés au culte religieux, sont en quelque sorte une traduction, traduction éminemment populaire, des enseignements de la foi. A ce point de vue, notre siècle a lieu de se féliciter des progrès de la science qui nous a fait retrouver si souvent, sur la pierre ou dans la peinture, la parole de nos maîtres et de nos Pères.

L'enseignement de l'école, lorsqu'il affirme avec une pleine unanimité qu'une doctrine appartient à la foi, nous fournit également une preuve que l'organe vivant

(1) Contra. Jul. I n° 16.
(2) L. c. n° 22.

de la vérité a parlé. Comment, en effet, expliquer sans cela cette assertion unanime des hommes les plus versés dans les études religieuses ?

Bien plus, la foi commune de tous les fidèles nous conduira à l'autorité de laquelle ils ont appris ce qu'ils croient. Car la Providence de Dieu veille à conserver la vérité, non seulement dans ceux qui enseignent, mais encore en ceux qui écoutent. Si donc sur un point de doctrine l'enseignement traditionnel nous échappe faute de monuments ou pour tout autre motif, la foi du peuple chrétien, s'il est possible de la constater, nous aidera à retrouver les traces oblitérées des maîtres de la doctrine.

Si nous indiquons cette méthode indirecte de prouver l'enseignement traditionnel, c'est que nous voyons les Pères eux-mêmes l'employer ; et dans la préparation à la définition du dogme de l'immaculée Conception, le Chef de l'Eglise avait donné aux évêques, pour instruction, de rechercher ce que leurs peuples croyaient sur ce privilège de la Mère de Dieu.

Mais pour que l'enseignement traditionnel ait l'autorité suprême de l'infaillibilité, il faut constater, non seulement que les Pères ont parlé, mais qu'ils ont parlé du point en question comme d'une vérité appartenant à la foi ou à la morale, et faisant partie de la révélation. Comment faire cette constatation ?

Devrons-nous prononcer *a priori* que les vérités qui font l'objet de nos études et de nos recherches n'ont aucun rapport ou n'ont que peu de rapport à la foi ou à la morale ? Non pas. Il est vrai que, dans les questions purement scientifiques et n'ayant aucun rapport avec l'ordre religieux, les assertions des Pères n'ont que la valeur des raisons qui les motivent.

Mais savons-nous toujours si une question est purement et exclusivement de l'ordre scientifique et naturel ?

C'est aux juges et aux gardiens de la foi qu'il appartient de voir ce qui intéresse la foi ou la morale, comme c'est aux représentants de la justice de désigner les ordres de faits dont ils doivent connaître. L'unanime témoignage de la tradition sur un point de doctrine est déjà un préjugé fort grave en faveur de l'origine apostolique et révélée de cette doctrine. Est-il bien facile, en effet, d'expliquer l'unanimité d'opinion dans une chose purement scientifique et sans rapport à la religion ? Regardons à la pensée des Pères. Lorsqu'ils ne disent pas explicitement qu'ils considèrent comme appartenant à la foi ou concernant la morale la doctrine exposée dans leurs écrits, ils peuvent le dire implicitement. Et s'ils nous la donnent comme faisant partie du dépôt de la révélation et de l'enseignement apostolique, notre raison doit céder à leur jugement.

« S'ils nous présentent unanimement une doctrine ou une explication comme religieuse, théologique et vraie, sans pourtant laisser voir clairement qu'ils la donnent comme un point de foi, aller contre un enseignement qui se présente dans ces conditions sera le plus souvent mériter la note d'erreur ou de témérité (1). »

Nous ne voulons pas nier qu'il ne soit possible quelquefois, par la nature même de la question, de reconnaître qu'elle n'a point de rapport avec la foi ; cependant le procédé *a priori* n'est pas sans danger.

On sait ce qui arriva à l'illustre théologien Canus, pour avoir mal compris une règle de la pensée chrétienne. Ne dit-il pas que la question de l'Immaculée Conception, telle que son siècle la connaissait, n'était pas du nombre de celles qui peuvent provoquer ou retarder le mouvement de la foi catholique ? « Quæ controversia non est ex illarum numero quæ catholicam fidem aut promovere aut immovere possint (2). »

Pourquoi ceux qui voudraient suivre le même procédé ne tomberaient-ils pas dans la même erreur sur d'autres questions ?

En traitant des causes du progrès de la doctrine religieuse, nous avons indiqué les principales sciences qui peuvent contribuer à ce résultat et y apporter leur appoint. Théologie, philosophie, histoire, linguistique, exégèse, sciences naturelles, sont appelées à l'honneur de servir la vérité supérieure de la foi par leurs conquêtes et par leur développement.

(1) Franzelin, *de Trad.* Th. XV, p. 182.
(2) L. VII, c. 3, concl. 4, n° 9.

Elles ont toutes un point de contact avec la foi, elles atteignent le pied de la cité de Dieu par leurs sommets.

Qu'arriverait-il si elles étaient laissées à elles-mêmes et libres de formuler toutes les conclusions qu'il leur plairait, sans avoir égard aux données de la foi ? Au lieu de servir d'étais à cette colonne de la vérité, elles viendraient comme des flots tumultueux ébranler ses fondements.

La philosophie et les sciences naturelles doivent évidemment partir des principes rationnels et des données de l'expérience, non des enseignements de la foi ; mais il n'est pas moins évident, d'après la constitution de l'Eglise, que le magistère de l'ordre surnaturel peut et doit, avec ses lumières supérieures, indiquer aux sciences humaines, à la raison faillible, les écueils à éviter, les erreurs à écarter comme dangereuses pour l'intégrité et la pureté du dépôt dont la garde a été confiée aux successeurs des Apôtres.

Qui pourrait voir là un joug intolérable ? Ce n'est pas un joug, c'est une sauvegarde, une précaution contre les défaillances de la pensée. Puisque le chrétien sait que l'Église est dépositaire de la vérité divine, comment trouverait-il mauvais qu'elle lui indiquât le chemin qui y conduit et qu'elle l'y ramenât quand il s'en écarte ? « Ecclesia non vetat ne hujus-« modi disciplinæ, in suo quoque ambitu propriis utan-« tur principiis et propria methodo, sed justam hanc li-« bertatem agnoscens, id sedulo cavet ne divinæ doc-« trinæ repugnando, errores in se suscipiant, aut fines « proprios transgressæ, ea quæ sunt fidei occupent et perturbent (1). »

La science chrétienne ne saurait donc poser en principe qu'elle prononcera ses conclusions sans avoir égard à l'enseignement traditionnel de l'Eglise. A plus forte raison doit-elle avoir les yeux fixés sur cette autorité divine, la pensée qui aspire à l'honneur de faire faire un progrès aux intelligences dans la doctrine religieuse, soit en leur donnant une explication lucide de ce qu'elles croyaient sans le comprendre ;

(1) Conc. Vat., Const. *Dei Filius*, cap. IV.

soit en leur faisant voir qu'elles attribuaient à l'enseignement révélé un sens faux, ou encore qu'elles étaient dans l'illusion en mettant une vérité révélée là où Dieu n'a point parlé; soit enfin en montrant à la raison le point par lequel les vérités qui la surpassent, se rapprochent de ses propres données.

Avant de formuler par son intelligence privée une conclusion scientifique sur les questions de cette nature, c'est le devoir du théologien, du philosophe, de l'historien, du savant chrétien, de jeter les yeux sur la pensée supérieure et divine qui est la loi de la sienne.

Avons-nous atteint le but que nous nous proposions dans notre étude? Avons-nous dit avec exactitude ce qu'est le progrès de la doctrine religieuse, les occasions qui le provoquent, les causes qui l'accomplissent, la loi qui le règle? Si nous avons atteint ce but, nous croirons n'avoir pas fait un travail sans utilité. Aujourd'hui, dans le monde catholique, règne une grande activité intellectuelle. Dieu en soit loué. Ce qui en résultera ne saurait être qu'un immense avantage pour l'Eglise, dont la doctrine a une beauté si parfaite et si pure qu'il suffit de la bien voir pour être en quelque sorte forcé d'y reconnaître le cachet divin et de l'aimer comme le vrai bien des âmes.

Mettons fin à cette étude en répétant le vœu formulé par saint Vincent de Lérins (1).

« Crescat et multum vehementerque proficiat, tam « singulorum quam omnium, tam unius hominis quam « totius Ecclesiæ, ætatum ac sæculorum gradibus, « intelligentia, scientia, sapientia, sed in suo duntaxat « genere, in eodem scilicet dogmate, eodem sensu, « eademque sententia. »

Intelligence, science, sagesse, croissez, étendez-vous, ayez de vigoureuses poussées, et dans chaque âme et dans la société, et dans le chrétien, et dans l'Eglise. Les époques, les siècles vous serviront de degrés pour monter toujours. Mais développez-vous selon votre nature, en gardant la même vérité, la même pensée directrice, le même dogme inébranlable. *Stat crux, dum volvitur orbis.*

(1) *Commonitor*, n° 23.

TABLE DES MATIÈRES.

www.ingramcontent.com/pod-product-compliance
Ingram Content Group UK Ltd.
Pitfield, Milton Keynes, MK11 3LW, UK
UKHW020340250726
13967UKWH00005B/2028